如是

As It Is

（上）心要口訣篇

作者◎祖古·烏金仁波切（Tulku Urgyen Rinpoche）
譯者◎項慧齡

祖古·烏金仁波切
開門見山直指心性的教法

目次

一個瑜伽士就如同之前被附身，如今鬼靈已經離開的人。當我們「被附身」時，這個心在迷妄中思考，在迷妄中行動，但是在認識心性（本覺）的那一刻，附身的鬼靈立即消失。

每個人都具有佛性，一切有情眾生都具有佛性，無一例外。遺憾的是，我們不知道自己擁有佛性，而落入迷惑之中，在輪迴中流轉。想像一顆如意寶掉入泥漿之中，外表覆上一層爛泥。首先，我們必須先認識這顆如意寶；然後，需要清潔它。

※本書注釋說明：①為原注；❶為譯注

序言

《如是》上冊心要口訣篇及下冊實修問答篇所呈現的教法，主要選自怙主祖古・烏金仁波切在他生命的最後兩年（一九九四年和一九九五年）所給予的開示。仁波切傳授這些教法的對象，從聚集在納吉寺（Nagi Gompa）大殿的大眾，到在仁波切房間內聽法的較小團體不等。在這些教法之中，有一些教法只傳授給一或兩個人，領法者的國籍也相當多元化。儘管如此，仁波切所給予的教導都具有相同的主題，顯然不只是巧合。怙主祖古・烏金仁波切給予的開示，全都源自他個人的覺受，所有的教法都充滿慈悲的了證。回顧過往，仁波切所展現的能量和親密更顯珍貴。

《如是》心要口訣篇強調生起次第及其相關的修持；實修問答篇的重點則放在圓滿次第及其相關修持之上。

一九九六年二月十五日，仁波切圓寂。在圓寂之後的四十九天期間，仁波切的四個兒子接受訪問，談論他們對父親的觀感。每一位兒子都是轉世的喇嘛和當之無愧的大師，我們把他們的訪談內容收錄在《如是》心要口訣篇之中，因為沒有什麼比這些談話的內容，更能展現怙主祖古・烏金仁波切的功德和傳法的風格。

仁波切總是從「見」（view）的觀點來傳法。在努力忠於仁波切教導的完整性的同時，我們沒有收錄仁波切直接傳授的直指教導，這些直指教導必須從他的傳承持有者那裡親自領受。這兩本書無法取代修行者和具格上師之間的直接接觸，沒有一本書能夠做到這一點。

為了真正能夠從這些具有深度的教法獲益，讀者們必須已經領受直指教導，並且已經認識佛性。《如是》是我們獻給已經領受直指教導之具緣者的供養；對於那些尚未領受直指教導的人，本書則能夠發揮淺嚐的效果。這兩本書也希望鼓舞那些尋找藏傳佛教具格傳承持有者的有心人士，請求傳承持有者傳授直指教導及相關的教法。

我們想要感謝所有協助本書問世的人：謄寫員戴爾・歐康納（Dell O'Conner）、編輯凱利・摩仁（Kerry Moran）、校對葛羅莉亞・瓊斯（Gloria Jones）和雪莉・布萊爾（Shirley Blair），以及印刷贊助者李察・吉爾（Richard Gere）。最後，書中如有任何錯誤或前後不一之處，完全都是我們的責任。

怙主祖古・烏金仁波切常常引用以下的密續偈頌，說明達到穩定的大圓滿修持的最佳方法。這首偈頌的內容也表達了我們的發心，請讀者們謹記在心：

不可思議之本覺，
只仰賴積聚資糧和清淨障蔽之修持，
以及仰賴了證大師之加持。
　遵循其他的法門，
乃是迷妄。

願出版本書的功德，能夠加速怙主祖古・烏金仁波切的轉世❶；願它能夠擴展實修傳承上師的佛行事業；願它能夠成為無數修行者了證大圓滿之因！

艾瑞克（Eric）和瑪西亞・舒密特（Marcia Schmidt）

寫於納吉寺

❶祖古・烏金仁波切的轉世靈童烏金・吉美・惹色・達瓦（Urgyen Jigme Rabsel Dawa）於二〇〇一年出生，二〇〇八年舉行坐床大典。

無別的本質

我們的祖古・烏金仁波切出生在西藏東部康區（Kham）的囊謙（Nangchen）。他從四歲開始禪修，他的父親——倉薩（Tsangsar）的吉美・多傑（Chimey Dorje）——每天都會給予眾多追隨者禪修指導。在這些時候，祖古・烏金仁波切和其他人坐在一起聽法，因此他在四歲時，就已經達到我們所謂的「認識心性」的境界了。

隨著年紀漸長，祖古・烏金仁波切從他的叔叔桑天・嘉措（Samten Gyatso）那裡領受額外的教導，並且視其為根本上師。桑天・嘉措是一個證量高深的人物，他不僅是一位清淨的比丘，也是一個擁有高度成就的修行者。第十五世噶瑪巴卡恰・多傑（Khakyab Dorje）常常讚美桑天・嘉措。有一天傍晚，在桑天・嘉措離開噶瑪巴的房間之後，噶瑪巴雙手合十地說：「在這些時代，可能只有桑天・嘉措已經圓滿了證大圓滿之內密見地。」一些來自楚布寺（Tsurphu）的老僧告訴我們這個故事。

我們的仁波切從桑天・嘉措那裡領受大部分的佛法傳承，其中包括灌頂和教導。尤其重要的是，桑天・嘉措常常給予祖古・烏金仁波切「心性的引導」（semtri），並幫助他提升和增長證量。在仁波切四歲時，他的父親就已經為他指出心性之「見」。在本質上，「見」本身無法再進一步增長，因為在「見」之內，沒有「東西」可以進一步發展。但是，就修行者對「見」的覺受而言，我們仍然會談論增長或加深見地，而這種見地的增長需要一個具格上師的口耳教導。對祖古．烏金仁波切來說，這個上師就是他主要的根本上師——桑天．嘉措。

在我們強調心性的傳統中，大圓滿教法談到「立斷入本淨」（Trekchö，簡稱「立斷」）之見，以及「任運頓超」（Tögal，簡稱「頓超」）之禪修，祖古．烏金仁波切把大圓滿的見地當作他修行的核心。他也非常熟悉大手印的傳統，儘管他修持大手印和那洛六法，但是他總是把認識無二明覺（nondual awareness）當作重要的核心——究竟的修持。

如果你把仁波切在康區、西藏中部、錫金和尼泊爾從事閉關的時間全部加起來，總共會超過二十年。在他年輕時，仁波切從事大量積聚資糧和清淨障蔽的修行法門：四加行、生起次第、圓滿次第、拙火等。在他的晚年，他如此描述自己的閉關：「我只是待在那裡持誦嘛呢（mani）。」嘛呢是觀世音菩薩的咒語。❶偉大的修行者常常用這樣的方法，來說明純粹維持明覺之本然面貌的修行。

許多當代的偉大上師告訴我，祖古．烏金仁波切具有高深的證量。這些偉大的上師不只包括噶瑪巴，也包括怙主頂果．欽哲（Dilgo Khyentse）仁波切和怙主敦珠（Dudjom）仁波切。他們很多人都是透過領受灌頂、口傳和口耳教導而與祖古．烏金仁波切結緣。

仁波切和我們相處時，從來不擺架子，或以大學者自居。如同有一天塔湯（Tarthang）仁波切所說的：

祖古·烏金仁波切是一個深藏不露的瑜伽士。他不僅精通各種佛教的修行法門，也是通曉究竟自性的學者。然而，他把他所有的功德隱藏在內。

在教導修行方法時，祖古·烏金仁波切把最重要的重點放在如何安住於正見的定靜之中。他一再地教導我們所有人從事不同層次的修行的重要性，也強調共與不共的前行法。他說在究竟上，教法和修行法門應該要讓我們直接認識心性。他總是教導三大傳統之無別見地：大圓滿的本淨見（view of primordial purity）、大手印的心無為見（view of mental non-doing），以及中觀的心無造作見（view of holding no mental constructs）。

祖古·烏金仁波切的直接口耳教導，讓那些遇見他的人由衷敬慕、喜於修行，並且對教法產生深刻的信任與信心。他的話語總是對他們的心有所幫助，他給予的忠告有助於減少煩惱，讓慈心、悲心和內觀自然而然地增長。許許多多人都有這種切身的經驗，這也是為什麼仁波切的弟子全心全意愛戴他的原因。這是他們生起信心和虔敬心的基礎。

❶「嘛呢咒」（mani）即觀世音菩薩咒語：「Om Mani Padme Hung」（嗡·嘛呢·唄美·吽）。

所有遇見他、認識他的人都知道，仁波切的個性非常謙遜，對每個人都非常溫柔、慈愛。當然，修行者因為他們的法緣，而對仁波切具有信心和虔敬心。然而，被他感動的不只是修行者。有一天，我遇見一個人，那個人說：「我對佛法一無所知，但是我卻知道他是一個非常好的人。他的死讓我感到非常悲傷，我失去一個真正的好朋友。他是我最好的朋友，隨和、溫柔、可靠，心胸非常開放。我們失去了一個非常善良的人。」許多人如此談論祖古．烏金仁波切。他以許多不同的方式和眾人結緣。

我們曾經聽說過去的偉大上師們離開這個世界時，出現許多不尋常的徵兆。佛陀也描述偉大的修行者過世時，所出現的特定徵兆。仁波切圓寂時，他非常輕鬆。他兩度從臥姿坐起，在某個時候，他脫掉身上大部分的衣服。我們迅速地用毯子蓋住他的身體，輕柔地把他的腿伸直，這樣他就能夠再次躺下。他很快地又坐起來，大喊一聲「Ah」（阿）。不久之後，他的生命跡象全部停止。有些人死亡的過程緩慢，呼吸困難且聲音刺耳。祖古．烏金仁波切完全沒有這種情形，他非常平靜地圓寂。

圓寂之後，仁波切安住在「圖當」（tukdam）❷，安住在三摩地之中。大圓滿教法描述，具有高深證量的人圓寂時，會出現一些外顯的徵兆。據說，最好的徵兆是「上有無雲晴空，下有無塵清風」。仁波切圓寂之後的幾天，出現了這樣的徵兆，在現今污染嚴重的加德滿都河谷，這相當不尋常。

確吉．尼瑪（Chökyi Nyima）仁波切

——摘自「無別的本質」（Indivisible Nature）的談話

❷「圖當」（藏tukdam）是一種殊勝的禪定狀態，也是一種常見於佛教高成就行者圓寂時的現象。這狀態是指在他們呼出最後一口氣後，安住於禪定（三摩定）當中。其特徵是他們的心臟周圍仍有些微溫，而肌膚並未失去光澤，身體也沒有轉為僵硬，仍維持著挺直的坐姿。這種狀態可以持續幾個小時到一星期，或甚至更長的時間。

【導言二】

覺受與證量的力量

我想告訴你們，我的父親暨上師祖古．烏金仁波切外、內、密的生平事蹟，我將以親耳所聞和親眼所見的來描述。當然，我沒有見過他年輕的時候，但是我卻聽過許多關於他的故事，並且親眼見證了他的後半生。個性溫暖是仁波切最獨特的特質之一，他的心充滿大慈大悲；即使是從一般的社會常規來看，他也擁有非常善良的性格。他除了幫助眾生之外，沒有其他的發心。他心胸開放，擁有一個非常廣大、民胞物與的心態。這是世間人形容他的方式。

仁波切年幼時，從他父親吉美．多傑那裡領受直指教導。之後，仁波切在描述這個覺受時，他說：「我真正了悟了心的本然面貌。」

祖古．烏金仁波切對三寶具有不可思議的敬重。他說，在所有佛教大師之中，釋迦牟尼佛是第一個吸引他的注意，讓他產生巨大信心和虔敬心的大師。他也同樣受到佛法——他曾經領受的教法——的感動，也高度敬重護持這些教法的僧伽。

在噶舉傳承的大師之中，仁波切對密勒日巴極為敬慕，並且對他具有大信心。在寧瑪傳承的大師之中，他最敬重龍欽．冉江（Longchen Rabjam）。僅僅聽聞這兩位大師的名號，就能夠讓他生起非造作的虔敬心，淚眼盈眶，身上的毛髮直豎。

從早年開始，他視叔叔桑天・嘉措、父親吉美・多傑和來自康區的大師瓊楚（Kyungtrül）仁波切為根本上師。他也和第十五世噶瑪巴的兒子蔣貢・卡瑟・康楚（Jamgön Karsey Kongtrül）結緣，從蔣貢・卡瑟・康楚那裡領受了完整的《伏藏珍寶》（*Treasury of Precious Termas*，藏*Rinchen Terdzö*）教法。

此外，祖古・烏金仁波切也把第十六世噶瑪巴讓炯・日佩・多傑（Rangjung Rigpey Dorje）視為根本上師，他欣賞欽佩第十六世噶瑪巴的程度，有如親見佛陀本人。他從來不認為噶瑪巴是一個具有血肉之軀的凡人，所以當噶瑪巴要求他做任何事情時，不論那是修行或世俗的任務，他都會連一秒鐘也不猶豫地去實行上師的願望，這正是那洛巴服侍印度大師帝洛巴的方式。當帝洛巴說：「真是我弟子的人，會從這懸崖跳下去！」那洛巴就毫不猶豫地往下跳。當然，那洛巴因此而身受重傷，但帝洛巴把他的身體恢復原狀。那洛巴經歷許多這樣的考驗，祖古・烏金仁波切也隨時願意犧牲自己的生命和身體，以實現噶瑪巴的任何願望。熟知祖古・烏金仁波切的人都知道，他具有這種獨一無二的虔敬心。

至於大寶法王噶瑪巴，他深深信任祖古・烏金仁波切，因為在他的淨觀中，他視祖古・烏金仁波切為秋吉・林巴或咕嚕・卻旺（Guru Chöwang）本人。在我年輕時待在隆德寺（Rumtek）期間，有許多次我注意到，每當噶瑪巴接到我父親的來信，他立刻把信放在頭頂上，然後才打開。我總是納悶：「他為什麼如此特殊地看待父親的來信？」在此同時，祖古．烏金仁波切把噶瑪巴視為金剛持、帝洛巴、那洛巴、馬爾巴和密勒日巴等所有噶舉派大師的體現，他們兩人之間的關係有如法父、法子般親密，這是我在隆德寺和噶瑪巴相處所知道的事情。當第十六世噶瑪巴需要一位密咒持（mantradhara，有成就的金剛乘修行者）執行特定儀式時，他都會堅持非祖古．烏金仁波切莫屬。

在寧瑪派大師之中，祖古．烏金仁波切和已圓寂的怙主頂果．欽哲仁波切之間的關係親密。如果我說他們兩人之間的關係有如父子般無別的心，那是最貼切的形容。頂果．欽哲仁波切會要求我父親去釐清任何疑慮或不確定，而祖古．烏金仁波切則會趁機更進一步地展現無二明覺。他們極為敬重、欣賞彼此，頂果．欽哲仁波切視祖古．烏金仁波切為咕魯．卻旺，祖古．烏金仁波切則視頂果．欽哲仁波切為文殊菩薩。

讓我也談談怙主敦珠仁波切，他是當今舊譯寧瑪派不可或缺的支柱。這位博學多聞的成就者在拉薩時，從祖古．烏金仁波切那裡領受了秋吉．林巴的伏藏《大圓滿三部》（*Dzogchen Desum*）的灌頂和口傳。後來，敦珠仁波切說：

就佛法和家族傳承而言，祖古．烏金仁波切都是秋吉．林巴的心子。他了證的力量已經全然展現。就大圓滿的次第而言，他已經超越了四相（four visions）❶，達到「法性遍盡」的最後階段。換句話說，他已經圓滿了本淨明覺之大力。這樣的人確實稀有罕見。

同樣地，紐舒・堪（Nyoshul Khen）仁波切也深深欽佩我的父親。他常說，在這個時代，對大圓滿有如此深刻了證的人非常稀有。我的父親受到許多有成就且博學多聞的大師推崇讚譽，但是，他本身是如何行止呢？他一向衣食簡單，不浪費食物，座位簡單低矮。

祖古・烏金仁波切教導成千上萬個外國弟子，其中許多人領受到殊勝的《普賢心髓》（*Künzang Tuktig*）②口傳。這些教法常常是以年度講座的形式舉行，由仁波切和確吉・尼瑪仁波切共同講授。在講座期間，確吉・尼瑪仁波切為學員們介紹佛陀的教法，最後由祖古・烏金仁波切給予直指教導。許多學員體驗到解脫的滋味，許多人認識心性，得到甚深的了解。

在傳統上，上師們只針對小團體給予直指教導，我納悶仁波切怎麼可能針對這麼大的集會給予直指教導。我曾經詢問好幾位偉大的大師，他們這麼告訴我：一旦明覺的力量透過修道達到圓滿之後，特定的徵相會自動顯現，例如三燃（threefold blazing forth）和三懷（threefold magnetizing）❸。這些徵相是指覺受、了證和三摩地的燃熾，由於仁波切無二明覺的強度，他的覺受和了證的力量明燦地燃熾。因此之故，其他人才可能嚐到

❶大圓滿法的「頓超」修行中的四種接續階段：（一）現見法性；（二）證悟增長；（三）明智如量；（四）法性遍盡。

②《普賢心髓》（藏*Künzang Tuktig*；*The Heart Essence of Samantabhadra*）是蓮花生大士把所有大圓滿密續精簡濃縮而成，適合現代修行者使用。這部教法由秋吉・林巴掘取出來。

❸在此所說的「燃」和「懷」，是指息、增、懷、誅四種事業中的「增」（燃）和「懷」（懷）。

真實心性的滋味。這讓我想起米龐（Mipham）仁波切所說的話：「藉由究竟傳承之了證加持傳入我們的心，願我們獲得明覺展現之大灌頂。」

由於祖古．烏金仁波切對究竟傳承的了證，明覺展現為加持，並且和弟子的信心創造出來的開放相結合。這種巧合讓許多弟子——不論他們的程度或根器——在剎那間認識心性，這顯然發生在成千上萬個弟子身上。這是祖古．烏金仁波切利益眾生的獨特方式。

過去數年來，仁波切給予前行法和「心性的引導」的教導，引導弟子們了解心性和修持心性，其教授的對象包括本地人和外國人。他真的終其一生都在轉法輪。

某些人會納悶，仁波切個人的主要修行是什麼。我們只能從仁波切給予我們的教導來猜測。舉例來說，他總是說：

不論你做什麼，不論你置身在什麼情況之下，不論是在行走、坐下、飲食或躺臥，你都要把注意力放在無二明覺的本性之中。就是這樣！

這就是他的主要修行：住在本然的法身明覺之中。

在他圓寂之前不久的某一天，我們去見他，提出這樣的請求：「為了你的健康，我們需要舉行一些法會。你必須為了我們、教法和一切眾生而住世。」「你們不必擔心我！」他微笑地說：「我在一、兩年之內不會死！」雖然他的身體狀況相當糟糕，一定非常不舒服，但他卻能夠笑談自己的死亡，沒有任何的畏懼與憂慮。他像一個真正的瑜伽士，即使瀕臨死亡，仍然充滿喜悅和平靜，沒有一絲一毫的不安和執著。在他生命的最後幾個月，我在納吉寺和他相處幾個月，因為他已經圓滿了見地，所以他從未顯露任何的不安或恐懼，他就是那種如天空般崇高的瑜伽士。我真的很幸運，能夠遇見這樣的人。

在仁波切圓寂之前，他教導我們以下這些要點。我們所有人都分分秒秒地接近死亡，在這個世界上，沒有人能夠永遠活著。一旦我們出生，就注定會死亡；然而，如果我們能夠真正地修行，今生和來世必定都會受益。這就是他的主要教法之一：藉由讓弟子們面對死亡的事實，來激勵他們修行。

一旦我們受到死亡的激勵之後，他會告訴我們：「不要把徒勞無益的世俗目標視為值得追求的事！」他以這種方式教導我們「轉心四思惟」：殊勝之暇滿人身❹難得、死亡無常、因果業報、以及輪迴是苦。

「岡波巴四法」是祖古．烏金仁波切主要的教法架構，此四法和龍欽．冉江的「四教法」（Four Teachings）相同。這四法分別是使人的心轉向佛法（願心向法）；使一個人的佛法修行成為修道（願法循道）、使修道清除迷惑（願道斷惑），以及讓迷惑顯露成為智慧（願惑顯智）。在傳授第四法「願惑顯智」時，他通常會給予直指教導。

❹「暇滿人身」是指人具足八有暇、十圓滿等修行的基本條件。「八有暇」是指沒有地獄、餓鬼、畜生、邊地、邪見、長壽天、不值佛世、瘖啞等八種惡緣。「十圓滿」則是指生於佛出世區域、諸根全、未犯五無間罪、未教他造無間罪、勝處信、佛出世、說正法、教法住、法住隨轉、他所悲憫。

大圓滿的口訣教導是一切佛教教法的精髓。祖古．烏金仁波切透過精簡、扼要、易懂的方式來給予這些教導，並且讓人感到溫暖，充滿加持。所以，他能夠同時對著許多人傳達佛法的甚深要義，並且指出他們的心性，確保他們的心續獲得暫時的解脫。這是他圓滿見地的結果；在這方面，他是無與倫比的。

他常常告訴追隨者：「一切無常，瞬間即逝的事物不值得追求。但是如果我們真正地修持佛法，肯定會在此時此刻和未來對我們有所幫助。」修持佛法是他主要的教法和遺言！

有一次我問仁波切，對我自己和其他追隨者來說，什麼是最重要的修行。他回答：「虔敬心和悲心最為重要！」他強調，在領受直指教導時，虔敬心和悲心是認識心性不可或缺的要件。著名的諺語說道：「封閉的人無法生起美好的品質，如同乾枯的種子無法萌芽。」一旦你擁有開放的信心，讓你能夠視授予甚深教導的上師為佛陀本身，才有可能藉由聽聞了證的本質而得到究竟傳承的傳授，進而毫無疑問地認識無二明覺。因此，我們要把虔敬心視為最重要的事物。

祖古．烏金仁波切也常常使用「充滿慈悲的空性」這句話。他說：

一切有情眾生無一例外地都曾經是我們的父母。請生起遍在的悲心！在我們的金剛乘傳統之中，最重要的就是虔敬心和悲心。

他也告訴我，想要修持《秋林新伏藏》（*Chokling Tersar*），尤其是《驅除諸障法》（*Barchey Künsel*）⑤和《普賢心髓》教法的人，一定要遵循前行法、正行法和附加法的完整修道。他常常說：

只修持前行法就夠了，因為前行比正行更深奧。真心修持「四次十萬遍修持」的人，將能夠透過大禮拜而清淨身業，將能夠透過金剛薩埵的咒語而清淨語業，將能夠透過曼達供養而清淨意業，將能夠透過上師瑜伽（guru yoga，或稱「上師相應法」）而清淨身、語、意之惡業。修持前行法的原因在於，我們需要清淨自己的障蔽，並積聚資糧。在沒有清淨障蔽的情況下，我們可能因為過去的業和暫時的因緣，而能夠瞥見空性，但是這種瞥見很快又會被障蔽覆蓋而遺忘。因此，請你們不要再欺騙自己，請全心全意地修持前行法。

祖古・烏金仁波切一再強調這一點。一旦你清淨自己的障蔽，讓前行法發揮效用，你將會自動地認識心性，你對「見」的了證將進一步地開展。

他提到的另一個重點是：「告訴你所有的弟子，他們的見地要如天空般崇高，所作所為要如糌粑（tsampa，即青稞粉）那般細緻。」一些修行者可能認為他們擁有非常崇

⑤《驅除諸障法》（*Barchey Künsel*）法教是秋吉・林巴（Chokgyur Linpa）和蔣揚・欽哲・旺波（Jamyang Khyentse Wangpo）共同取出的伏藏法，法本總共大約十冊。

高的見地，崇高到他們不需要擔心行為的後果，這肯定是不行的。讓我們看看祖古・烏金仁波切的典範：他過著完全清淨持戒的生活。同樣地，不論你的見地多麼崇高，你都應該溫柔有禮地對待他人，絕對不可輕浮無禮。這是一點。另一個重點是：

告訴他們，所有的金剛法友都將以一個團體、一個壇城邁向證悟。因此，我們要保持僧伽的和諧，善待彼此，持守清淨的戒律。如此一來，金剛乘不可思議的甚深法教將會發揮效用。

這些是我殊勝的父親告訴我的最後幾個重點，除此之外，我沒有什麼可說。讓我再補充他的幾句忠言：

請仔細觀見你的心性，這是所有大圓滿教法的精髓。首先，要認識心性；其次，確立這種認識；然後對這種認識生起信心。只認識心性是不夠的，我們必須發展這種認識的強度，然後獲得穩定的認識。就是這樣！好好地修持，使你自己的修持達至圓滿。要生起多於你已經擁有的虔敬心和悲心，因為這將使你的覺受和了證自然地擴展。這是你應該告訴你所有學生的事情。

你們是祖古・烏金仁波切的追隨者，因此，我覺得我也應該告訴你們：任何從祖古・烏金仁波切那裡領受到直指教導的人，都極為幸運。它有如把傳承的黃金寶鬘的一端放在你的手中，如果能夠透過修行而把這個教導帶入覺受之中，那麼你們的上師將會繼續從無相法界看顧你們。真正的上師將會從你們的內心覺醒。有句話說：「上師在內不在外。」這句話的意思是，在認識心性的剎那，你也和真正的上師面對面。請了解這一點！

最後，對於那些透過本書而和仁波切結緣的人，我想要說：請不要只專注於書頁文字！請把注意力轉向你的心性之上！在虔敬心或悲心生起的時刻，如果讓自己的心和上師的心無別地融合在一起，你就能夠真正地了解大圓滿的教法。那就真的太殊勝了！

慈克・秋林（Tsikey Chokling）仁波切

——摘自「覺受與證量的力量」（The Power of Experience and Realization Blazing forth）的談話

【導言三】

無雲晴空

就世俗的角度而言，我和我的三位兄弟——確吉．尼瑪仁波切、秋林仁波切、明就（Mingyur）仁波切，當然都是祖古．烏金仁波切的兒子，但這不是我們和他的主要關係。我對仁波切最主要的想法是：他是我的修行導師，是我的根本上師。我相信，我的兄弟也有相同的感受。

當祖古．烏金仁波切健在時，他把自己主要修行的大圓滿和大手印法門傳授給無數人。我們也從他那裡領受教法，視他為上師。老實說，雖然我們知道他有一天會死，雖然也了解一切事物都有盡頭，但是我個人從未想像這一天真的會來臨。當仁波切圓寂時，這個簡單的事實有如當頭棒喝：甚至連這麼偉大的大圓滿瑜伽士也會死——被許多其他了證者說已經達到「明覺頂峰」（culmination of awareness）的了證修行者也會死。如果連如此殊勝的大師、眾多大師的上師都會停止呼吸、拋下肉身，那麼我們這些其他人呢？

祖古．烏金仁波切曾經告訴我們好幾次，偉大的大圓滿瑜伽士圓寂時，會顯現在外在的天氣之中。「無雲晴空」是解脫進入法身狀態的徵兆。

在他圓寂前的幾小時之內，祖古．烏金仁波切並未發出驚人之語，或做出驚人之舉，他只是輕鬆地進入死亡。那天清晨，在他圓寂之後，我走到屋外，天上看不見任何雲朵，連遠方地平線上也沒有一縷的雲。我站在那裡眺望山谷，在冬天的早晨，山谷常常籠罩在霧之中，但我沒有看見任何霧氣，天空中沒有污染的塵粒，連一絲絲薄霧都沒有，只看到清澈燦亮的天空。在仁波切圓寂後的幾天，都是這種燦亮的天氣。

看到這個景象，我心想：「我們的仁波切圓寂了。就相對的層次而言，雖然他圓寂了，但是他的了證的狀態卻有如天空。仁波切的了證有如無礙的虛空那般清澈、明亮，當從事禪修時，這正是我們應該修持的狀態。今日的天空是祖古．烏金仁波切了證的完美寫照，是本初清淨狀態的完美範例。」當我這麼想時，我對仁波切的仰慕、欣賞和信心變得更深、更強。當我親眼目睹如同仁波切常說的那般自行顯現為清澈天空的了證徵兆，使我更有心想要從事禪修。我有信心，我們也能達到如這天空般無礙開闊的了證。

我要提醒每一個人，尤其是所有領受過仁波切教法的人，我們遲早都要離開這個肉身。不論我們是誰，我們都沒有超越死亡。但是，我們如何面對死亡，卻有極大的差異，而這種差異取決於我們是否從事修行。讓我們假設自己是佛教修行者，都希望了證仁波切覺醒的心之狀態，了證本初清淨。當我們向祖古．烏金仁波切祈願，並且試圖把自己的心和他的心無別地融合在一起時，可以使用外在的天空作為例子。祖古．烏金仁波切了證的心有如清淨的虛空，而我們應該把這種如虛空般的了證狀態帶入自己的修行之中。

我想要建議祖古・烏金仁波切的所有弟子，把無礙虛空當作一種提示，提醒他們把自己的心和仁波切的心融合在一起。對我們所有人而言，「無雲晴空」可以變成仁波切的象徵。請你們繼續修行，盡可能地實現他的願望。過去幾年來，仁波切在傳法時，都一再地告訴所有的弟子，我們應該努力實修。他一再地說，沒有什麼是永久的，更別說一個人的生命了。

請記住，不論仁波切在世與否，都絲毫不會影響他傳授給我們的禪修教法。我們要把天空當作心之本淨覺醒狀態的象徵，當作祖古・烏金仁波切了證的象徵。請好好地修行，用出離心來激勵自己，因為正如同仁波切的肉身一樣，我們的肉身必定都會死亡。僅僅念誦「本初清淨」之類的文字是不夠的，我們仍然會死。

最後一件事。在仁波切圓寂前五天，我對仁波切說：「這幾天你看起來氣色很好！我想你的身體會好一陣子。」他回答說：「真的嗎？這也許不是一件好事，我父親和三位叔伯在圓寂前最後幾個月，氣色看起來都非常好，容光煥發，皮膚像年輕人一樣。在桑天・嘉措圓寂之前，他的白髮幾乎完全變黑了，牙齒和指甲變得更有光澤。這或許是家族遺傳的特徵，或可能是修行良好的徵兆。」

仁波切告訴我，桑天・嘉措如何在圓寂時凝視天空。我問：「桑天・嘉措是否安住在『圖當』之中？」

「是的，」祖古・烏金仁波切回答：「但只安住在『圖當』之中本身沒有什麼驚人之處，一個修持造作的禪定狀態的人，可以安住在『圖當』之中相當長一段時間。但是真正安住在『圖當』之中，卻不需要任何刻意的禪修。當紅、白二菩提在心間交會的剎那，亡者會立即進入無意識狀態。這種狀態不一定會持續很久，它可能會立刻再度開啟，不停留在封閉的狀態之中。」仁波切把雙掌闔在一起，然後再打開。「這正是一句名言的含意：『一剎那間，差異立見；一剎那間，達至正等正覺。』這是一個真正的瑜伽士解脫的剎那，也是他真正顯示能力的時刻。這種覺醒不一定伴隨著虹光、雷鳴或壯觀的景象。『無雲晴空』是解脫進入法身狀態的徵兆。」

措尼（Tsoknyi）仁波切

——摘自「無雲晴空」（A Clear, Cloudless Sky）的談話

【導言四】

平等的生活與修行

從世俗的角度來看，怙主祖古．烏金仁波切是我的父親，但是從修行的觀點來看，他是我具有三種慈心的根本上師。根據不同種類的教法，我們可以從不同的層次來看待上師。在聲聞乘的層次，你把上師視為善知識；而大乘的追隨者則把上師視為諸佛的化身；身為金剛乘修行者，我們應該把上師視為所有覺醒者之心性的體現。在這個基礎之上，你透過修持上師瑜伽，以及懷著信任和虔敬心地遵從他的指令，並持守身、語、意的三昧耶而領受四種灌頂，這是非常甚深的方法。密續教導我們，金剛乘的所有要點都可以精簡濃縮成為對上師的虔敬心。所以，就佛法而言，我覺得仁波切非常殊勝、仁慈。

祖古．烏金仁波切的圓寂發生得非常突然，但是在圓寂之後，他安住在「圖當」之中相當長一段時間，比當天太陽停留在天空中的時間還要長。「圖當」有許多不同的層次，一些修行者因為修持奢摩他（shamatha，止）和毘婆奢那（vipashyana，觀），而能夠安住在「圖當」狀態之中；另一些修行者則因為熟悉生起次第的觀想，而能夠安住於「圖當」之中。「圖當」狀態維持的時間長短不一，從一、兩天到一個月以上，我們的仁波切只停留在「圖當」狀態一天多一點。他結束「圖當」狀態的方式相當不可思議，我們看到紅、白色兩種菩提液從他的鼻孔流出來，這種情況不是隨隨便便都會發生在任何人身上，我覺得它相當不尋常。像血一般深紅的紅色明點從他的左鼻孔流出來，清澈的液體從他的右鼻孔流出，這種清澈的液體跟黏液大不相同。密續本續解釋，紅、白菩提會從大師的鼻孔流出，表示「圖當」狀態結束了，而這正發生在祖古．烏金仁波切的身上。

至於「圖當」持續的時間長度，我聽說尚未「圓滿覺受和了證的強度」的人，有時可以安住在「圖當」狀態相當長一段時間。另一方面，已經圓滿覺受和了證強度的人，不一定會安住在「圖當」狀態那麼長的一段時間，而我們仁波切的「圖當」沒有持續特別長。

我對祖古．烏金仁波切的整體印象是，他不但非常嫻熟金剛乘，他對大圓滿修持也特別有成就。大圓滿的修道有不同的了證次第，每一個次第都各有一個特定的名稱，我相信仁波切已經達到相當高深的次第。然而，祖古．烏金仁波切本人卻從來不談他自己的證量，他像一個深藏不露的瑜伽士那般過得非常謙卑，總是讚歎其他大師，對自己卻避而不提。

話說，我們無法只從諸佛、菩薩之化身的行為，去真正判斷他們的證量深度。如果沒有深刻地用心觀照，我們甚至會把佛陀視為凡夫俗子。事實上，某些人甚至覺得佛陀的長相醜陋！我們對其他人的印象和感受，常常受到錯誤覺知的渲染。另一方面，具有清淨、無謬覺知的人，會把佛陀視為清淨且殊勝的。我個人相信，仁波切具有高深的證量。我曾經聽說，怙主頂果・欽哲仁波切和紐舒・堪仁波切都說祖古・烏金仁波切不是尋常人等，而是已經達到「明覺頂峰」了證層次的人物。

請利用你們對祖古・烏金仁波切生平與死亡的鮮明記憶，提醒自己他所給予的觀見心性的教導。我們應該竭盡所能地把自己的心和仁波切的心融合為一，並且安住在平等捨之中。老實說，上師的覺醒狀態已經和我們的本初自性無二無別。從勝義諦的觀點來看，我們看似分離的心，在本質上是無別的。這是我們需要覺知的實相——我們必須「如實了知」（know this to be as it is）。除非這變成我們直接覺受的一部分，否則僅僅知道「我們的自性是無別」的這個事實，將不會對自己有所幫助。修行的結果來自修持心性，來自真正經驗到這個事實。

請如此看待這件事情：上師的心是空虛的，我們的心也是空虛的。上師的心是覺察的，我們的心也是覺察的。在上師的心中，空性與覺察這兩種功德是無別之雙運；在我們的心中，空性與覺察兩者也是無別之雙運。在你認識這一點的剎那，你的心就已經和上師的心無二無別地融合在一起了。

祖古・烏金仁波切圓寂之後，天空不可思議地清朗達兩天的時間，連一片雲都沒有。密續提及，在大師圓寂之後所出現的各種徵兆之中，「無雲晴空」是最卓越出眾的徵兆。金剛乘的修行可以分為兩大類別：具有表徵的修行法門——生起次第，以及無表徵的修行法門——圓滿次第。把焦點放在具有表徵之修行的大師圓寂之後，可能會出現可見的徵兆，例如彩虹、不尋常的聲音和各種舍利，例如「棟」（dung）和「仁瑟」（ringsel）。但是大圓滿密續說道，主修超越表徵法門的大師圓寂之後，除了「無雲晴空」之外，不會顯現任何其他的徵兆，新譯派、舊譯派（即薩瑪派〔Sarma〕和寧瑪派〔Nyingma〕）兩派密續都同意這一點。所以我覺得，祖古．烏金仁波切圓寂之後所出現不尋常的無雲晴空和燦爛陽光，是最不可思議的徵兆。

請記住，不只我們的仁波切會死，每個人都會死，連釋迦牟尼佛都不永久住世。把仁波切的教導謹記在心，加以實修，修持他所教導的禪修，即是我們主要的功課。請記住，我們將會獨自離開這個世界，即使我們是享有榮華富貴的國王，也仍然無法帶走任何財物，而將赤赤裸裸地離開人世。在死亡的時刻，我們擁有的任何財物無法提供任何幫助。我們什麼也無法帶走，連小如塵埃的東西也帶不走。當魂魄離開身體時，就有如把一根頭髮從奶油中抽出來一般，沒有東西可以附著在上面。在這種孤獨、不受保護的情況下，除了我們所修持的佛法之外，還有什麼能夠幫助我們？

從這個觀點來看，不屈服於我們怠惰的習性，不把修行延遲到明天、下個月或來年，是非常重要的。我們可能用一輩子的時間在想：「我會在明天或後天修行」，但我們的生命會耗盡，有一天死亡會降臨。在死亡時，我們個人的修行是唯一的依靠，因此要減少自己的計畫和工程。「我可能很快就會死，所以計畫這些事情有什麼用處？如果我現在不修行，死亡降臨的那一天，我就會感到後悔。」這種想法要好得多，也實際得多。

我們會發現，如果不計畫遙遠的未來，我們就能夠全心全意地修行。密勒日巴說：「世俗的追求永無盡頭，只有你停止，它們才會終結。」只要我們忙碌於從事各種活動和交易，它們就永遠不會結束。唯一的方法是斷得乾淨俐落，中止所有這些活動。我們陷入各種計畫之中，做這個、做那個，一件事接著另一件事，我們覺得：「我最好做這個！然後我再做那個！那將會改善我的整體狀況！」我們努力追求小小的成就，掩飾自己其實很懶惰的事實。我們不停地從事各種活動，一再地避免真正重要的大事，其實是一種懶惰。

真誠果斷地下定決心不再浪費時間，是更好的作法。我們需要認識到，心是善變的，表象是充滿誘惑的，這樣繼續下去是行不通的。雖然我們置身現代，但是仍然擁有極為殊勝的教導，如果能夠加以實修，就能夠在今生覺醒，用這個人身達到正等正覺。但是，我們大多數人都把時間浪費在懶惰、毫無意義的活動之上，忽視真正修行的重要性，因此，真正有成就的大師只佔少數。

另一方面，全心全意修行的人能夠在一世之內證悟，這是毫無疑問的。據說，如果你在三年閉關期間，依照正統的方式致力修行，就能夠達到「真正看見本具自性」的層次。想到這一點，我就希望能夠把餘生用於禪修之上。我覺得自己必須真正地使生活和修行保持平等，我心中生起這個深刻的願望。我覺得這麼做將能夠實現仁波切的願望，也能為一切有情眾生帶來最大的利益。

如果你對輪迴產生深刻的厭離心，而拋棄所有世俗的活動，使生活與修行保持平等，那是最好的。你要信任三寶，並且真誠地相信因果業報和前世來生的實相。如果能夠這樣修持，你的心將會與上師的心無二無別，並將在今生「奪得本淨大圓滿的王座」。次佳的作法是行止誠實，過著符合修行原則的生活，偶爾利用機會從事密集的閉關修持。至少，你應該盡可能地常常憶念上師的話語，所作所為保持真誠；保持一顆善良的心，努力從事有助於他人的事情；培養慈悲的態度，做一個溫柔、仁慈的人；向上師祈願。這些生活模式將會讓你的上師感到欣喜，即使你沒有在今生達到證悟，那麼將會在死亡的時刻或在中陰達到證悟，至少你確定自己會在未來某一世證得佛果。不論如何，你離佛的遍知狀態不會太遠。

在本質上，證悟的大師保持不變，老、病、死的過程主要存在於我們的覺受之中，這是在我們心中上演的一齣戲，但是在大師的覺受之中，這些事件不具有任何實體。不論是生是死，他的本然明覺狀態保持不變。但是對我們這些人來說，這種狀態是不明顯的。當我們注視著他，把他視為像自己一樣的人類，同樣需要吃飯、走動、上廁所，因此我們不是和他一樣嗎？

事實上，我們和他不一樣，仁波切的覺受沒有和血肉之軀連結在一起。對我這樣的凡夫俗子而言，這難以理解，但事實就是如此。如果我們努力修持虔敬心，同時深信這是他的真實自性，那麼毫無疑問地，我們將會領受到他的加持。重點在於，你要信任自己的上師，並且對上師生起虔敬心。

此外，當你深信因果業報時，一定會想要全心全意地修行，你將會自然而然地想要修行，沒有任何懷疑或猶豫。如果你不相信業和來世，很容易就會質疑修行的價值。如此一來，不論你從事多少修行，最後只會走入錯誤的方向。因此，請相信業力的法則。

即使虛空無盡，眾生無量，遍知的佛仍然可以完整地看見一切有情眾生的壽命、行為和態度，這種遍知有如知曉整個世界中每一棵樹上的每一片葉子。佛在覺知所有這些不同的心之狀態的同時，並不持有任何概念性的念頭。如果我們修行，就能夠達到那樣的境界，它被稱為「不可思議的本性」。

請把這些重點謹記在心。請繼續修持，保持生活與修行的平等是最理想的；或次佳的作法是生活符合佛法；或至少要協助修行，護持教法，維護仁波切的寺院。請用這樣的方式，去做對保存佛法有意義的事情，並且利益一切眾生。

明就（Mingyur）仁波切

——摘自「平等的生活與修行」（Equalizing Life and Practice）的談話

第一章

根基：佛性

一個瑜伽士就如同之前被附身，如今鬼靈已經離開的人。
當我們「被附身」時，這個心在迷妄中思考，在迷妄中行動，
但是在認識心性（本覺）的那一刻，附身的鬼靈立即消失。

虛空（space）是法界（dharmadhatu，或譯為「法性」）最重要的意象，這個虛空是「一切事物的虛空」，所有的現象都在這個虛空內顯現（生）、住留（住）和返回消融（滅）。這類似物質的空間，其他四大元素都在這個如同一只容器的虛空內顯現、住留和消失。這四大元素不是出自任何其他來源，它們出現自虛空本身；除了在虛空之內，它們不在任何其他地方停留，也不前往虛空以外的任何處所。同樣地，法界是一切現象的基本環境，不論這現象是屬於輪迴或涅槃。法界包含一切顯現而存在的事物，其中包括各個世界和一切眾生。每一件事物都在法界的狀態中生起，並且返回消融於法界的狀態之中。法界包含輪迴與涅槃的一切，它不是只包含涅槃，排除輪迴，它不是這樣。

一切狀態的基礎：法界

外在的現象於虛空內顯現，於虛空內停留，並且再度於虛空內消失。在虛空之外，有什麼是地、水、火、風可以前去的地方嗎？它們不是一直停留在虛空之內嗎？當它們瓦解時，不是消融在虛空中嗎？除了虛空之外，有任何超越虛空或在虛空之外的地方是它們可去的嗎？請仔細了解法界和物質空間之間象徵的相似性。

法界、法身（dharmakaya）和法界體性智（dharmadhatu wisdom）之間的關係，就如同一個處所、一個人和那個人的心三者之間的關係。如果沒有處所，就沒有可讓人生存的環境；而除非那個人也有一個心居住在身體裡，否則就沒有那個人。同樣地，被稱為「法界」的主要領域或「界」，具有法身的本性；而法身則具有法界體性智的功德，有如心的面向。

我們也需要清楚地了解「輪迴」與「涅槃」兩個名相的意義。「涅槃」是指全然了證的佛性，而這佛性是由身、語、意三個面向所構成。「身」是本然的本質（essence）；「語」是它的本性（nature），即生動顯現的覺察品質；「心」是散放的能力（capacity）。這三個面向構成了一切諸佛顯現的基礎，一切諸佛即是他們的本質、本性和能力，除此之外無他。諸善逝也具有這相同的體性。同樣地，輪迴是一切有情眾生的身、語和意，即一切有情眾生之本質、本性和能力的迷妄表現。如此，法界包含了輪迴與涅槃的一切。

法界以法身為莊嚴，而法身具有法界體性智。這是一句簡短的陳述，但是卻非常深奧，因為「法界」也是指善逝藏（sugata-garbha）或佛性。佛性無所不包，這表示佛性存在於一切狀態之中，或佛性是一切狀態的基礎，不論這些狀態是屬於輪迴或涅槃。請記住，「涅槃」是指一切覺醒者的身、語、意，「身」是持續不變的本質；「語」

是生動顯現的本性；「意」是散放的能力。一切諸佛的身、語、意，就是所謂的「三金剛」（three vajras）。

佛性的展現如同在天空顯現的明耀太陽，佛性無別於覺醒狀態的三金剛，既不會腐朽，也不會改變。金剛身是不變的功德，金剛語是不息的功德，金剛意是無妄無謬的功德。因此，佛性或法界是三金剛；在此同時，它也展現為一切眾生迷妄的身、語、意。

就一般的意義而言，「身」是指由血肉構成、可腐朽的事物；「語」是指來來去去、最後會消失、時斷時續的言詞；「心」是指受到二元分立的心態所控制、來來去去的念頭狀態和煩惱，如同一串念珠上的珠子。這些心的狀態也是短暫而瞬間的。每個人都會同意，眾生的身、語、意持續不斷地在改變，持續不斷地來來去。儘管如此，我們這個尋常身、語、意的基礎是佛性，即包含輪迴與涅槃的一切的法界，沒有一個眾生不是如此。

從清淨的角度來看，這佛性存在於每一個眾生之內，勝者的表現如同太陽所展現出來的光芒。陽光是太陽散放出來的，不是嗎？如果不是太陽，就不會有任何光亮。同樣地，普遍存在於輪迴和涅槃的佛性表現，即是眾生身、語、意的本源。

話說，一切有情眾生皆是佛，但他們受到暫時的障蔽所遮蓋，這些「暫時的障蔽」即是我們自己的思惟。法界包含輪迴與涅槃的一切，不只包含覺醒的涅槃狀態，而是包含一切，包含每一件事物。有情眾生尋常的身、語、意，暫時地從證悟身、語、意之功德展現中生起。如同虛空是遍在的，明覺（awareness）也無所不在。如果不是如此，那麼虛空就會是遍在的，而本覺（rigpa）就不會是遍在的。正如同虛空一般，本覺無所不包，沒有什麼事物是在本覺之外。正如同虛空遍及一切事物和一切眾生之內，本覺也普遍存在於眾生的心之內。法界遍及輪迴與涅槃。

諸佛與眾生的差別

為了能夠真正地修持大圓滿的教法，我們有必要先對這甚深的意義產生基本的了解。除非我們有所了解，至少具有智識上的了解，否則我們可能會認為有情眾生是分離的外來個體，我們不知道他們從何而來，他們屬於何處，或他們究竟是什麼。有情眾生完全不是分離的。佛與有情眾生之間的差異在於，後者的見識和心態是狹窄的。因為有情眾生的心態和想法，把他們侷限在自己有限的輪迴小區域之內。

話說，佛與有情眾生之間的差異，有如狹隘空間與開放空間之間的差異。有情眾生如同一個緊閉拳頭內的空間，而諸佛則完全開放、無所不包。本初虛空（basic space）和明覺本是無所不包的，本初虛空無心的造作（mental constructs），而明覺則是對這種無造作的了知，以及對心性全然空性的認識。虛空與明覺本來就是無別的。有句話說：「當法界本初虛空這個母親不離開她的孩子明覺時，毫無疑問地，他們將永不分離。」

了證本初虛空與明覺兩者是無別的，即是究竟的佛法。那是起點，也是我們從一開始就指出的要點。我們有必要了解這一點，否則可能會覺得普賢如來及其佛母是居住在數大劫之前的藍色老人和老婦。它完全不是如此！普賢如來及其佛母是虛空與明覺之無別雙運。

「空性」即是「空覺」

如你所知，九乘和說一切有部（Vaibhashika）、經量部（Sutrantika）、唯識（Mind Only）和中觀（Middle Way）等四大學派，都是為了適應各種不同根器的人所設計的。另一方面，「大圓滿」一詞是指一切事物都包含在大圓滿之內，一切事物皆圓滿。據說，「大圓滿」是無可超越的，意思是沒有什麼能勝過「大圓滿」。何以如此？那是因為它了知「如是」（as it is）的真實面貌，即法身的究竟本然狀態。那不就是真正的究竟嗎？請仔細了解這一點。

大圓滿完全超越任何種類的分別，它完全開放，超越類別、限制，超越假設和信仰的侷限；所有其他描述事物的方式，則都受到種類和限制的侷限。在大圓滿之內，三身與智慧的見地是我們所要達到的究竟目標。請聆聽這句引言：「萬法皆空，然佛法功德非空，具三身與智慧故」（雖然一切皆空，但是佛法的特殊功德是不空無，具有三身與智慧）。所有其他的哲學系統都解釋萬物皆空，但事實上，佛陀的用意是使用「空性」（emptiness）這個詞，而非使用「空」（empty）。這是一個非常重要的重點。

舉例來說，你會在般若經典中找到以下的句子：「外空、內空、空空、廣空、究竟空、有緣空、無緣空……」（外在事物是空性、內在事物是空性、空性是空性、廣大是空性、究竟是空性、因緣是空性、非因緣是空性……）。在此，我們應該把「空性」了解為「空覺」（empty cognizance）。請了解這一點。英文字「emptiness」（空性）的字尾「ness」代表覺察的品質。我們必須了解這個字的正確含意。

否則，光是說外在事物皆空，聽起來太過虛無主義。如果我們把「空性」了解為「空」或空白，而不是把它了解為「空覺」，那麼我們就太過傾向於虛無主義，即「萬事萬物是一個巨大的空白」的想法。這是一個嚴重的偏離。

佛陀最初教導一切事物皆空，這是無法迴避的，事實上，它是正當合理的，因為我們需要去拆解自己的執著，這執著就是認為自己所體驗的事物都是恆常的。平常人執著地認為他所體驗的事物是堅實的，是「那個東西」——不僅僅是「經驗」，而是堅固而真實、具體而永恆的事物。但是，如果我們誠實而仔細地檢視，就會發現，經驗純粹是經驗，而不是由任何事物所構成。它沒有色、聲、顏色、味、觸，它純粹是經驗，即一種空覺。

體驗一切事物的是「心」

你睜大雙眼所看見的、以各種色彩生動呈現的事物不是「心」，而是「明亮的物質」（illuminated matter）。同樣地，當你閉上雙眼，看見某種黑暗的事物，那事物不是心，而是「黑暗的物質」（dark matter）。在這兩個情況下，物質只是一種顯現，而你對某件事物所產生的體驗，正是心體驗到外在的元素及其他一切事物。

唯有心在注視它時，顯相才能夠存在。「注視」那個顯相除了是一個經驗之外，沒有別的，事實就是如此。若沒有覺知者（perceiver），顯相如何能夠成為顯相？它不會存在於任何一個地方。覺知（perception）是由心來體驗，它們不是由水或地元素來體驗。只要心注視著它們，心就能夠把所有的元素清晰地加以區別分類。然而，它們除了是一種展現、一種顯相之外，它們什麼也不是。正是心捕捉到這個展現，當這個心沒有捕捉、執取或注視它所體驗到的事物時，換句話說，當真正、真實的真如三摩地在你的心續內顯露時，「實相」就失去它堅實、障蔽的特質。那就是為什麼成就的瑜伽士不會被火焚燒，不會被水淹溺，不會被風傷害的原因。在他們的覺受之中，所有的顯相都只是一種展現，因為執著已經從內在瓦解。是心在體驗事物，而覺受則在心中開展。有其他什麼要去體驗的？心代表個別的覺受，所有的覺受都是個別的、個人的。

舉例來說，一個瑜伽士的迷妄消融了，不表示其他每一個人的迷妄也消失了。當某個人證悟時，那個人是證悟的，但不是其他每個人都是如此。當瑜伽士超越執著時，只有他個人的迷妄經驗消融了。請加以思量。然而，有另一個面向稱為「他人的覺受」或「有情眾生的一般覺受」。

在所有這看似堅實的實相之中（仁波切敲敲他的床板），沒有一件事物是不可摧毀的。在劫末時，這個世界上的任何物質都會被火焚毀，無一例外，然後這火會自行消

失。（仁波切輕笑）

請花一些時間在「囊將」（Nangjang）①的修持上，你將會發現，所有的實相都是不具體、不真實的。藉由修持「囊將」，我們發現所有的經驗都是個人的經驗，當不執著於這些經驗時，我們就會把所有的個人經驗看成是不具體、不真實的。在這整個世界之中，沒有一個創造出來的顯相會永遠留存，表面看似外在的色相不真的留存於任何處所，這些覺知是相互依賴的業的經驗。就定義而言，所有的相對實相都仰賴其他的事物，仰賴因與緣，不是嗎？在解釋相對現象時，你必須提及它們的因與緣，除此之外沒有別的辨法。在最後，我們了解到，它們的本質在究竟上超越因與緣。「究竟」的事物不可能由因與緣構成。

迷惑的瓦解

唯有真正的三摩地狀態能夠淨化或清除這自我造作的迷惑，更多的顯相、更深的執著都不能摧毀迷惑。這甚深的狀態存在於每一個人之中，只不過他們都不知道而已！究竟的自性已經全然顯現。它被給予「法身」、「報身」和「化身」等名稱。我們的

①「囊將」修持的字義為「修持趨向圓滿精練的覺受」（training in refining experience），是藉由大圓滿甚深的教法，來分辨實相和覺受本質的個人過程。敦珠・林巴（Dujom Linpa）所著的*Buddhahood Without Meditation*（Padma Publishing, 1994），對這個修行法門做了精湛的解釋。

迷妄狀態把這究竟自性隱藏起來，但是正是這究竟自性可以摧毀迷妄。這真的不可思議！（仁波切輕笑）

一旦我們證得穩定的三摩地，迷妄就會被摧毀，因為三摩地拆解迷妄這整齣戲碼。換句話說，基本上，這個心創造了迷妄，但是藉由認識這心的本性，我們清除了迷妄，在那一刻，沒有迷妄可以被重新創造。如果每一個人能夠了解這一點就好了！這真了不起！（仁波切笑了起來）正是心本身創造了這整個迷妄，但也正是心本身能夠讓整個迷妄瓦解。（仁波切再次笑了）除了佛性之外，還有什麼了無迷妄？佛性是迷妄的基礎，它也是消融迷妄的事物。請仔細了解這一點！這是你能夠了解的事情！

迷妄似乎使一切有情眾生和他們的佛性分離；但是清除迷妄的，正是佛性。基本上，它只是認識佛性與否的問題。我們說的是一切諸佛，以及包括普賢如來在內的寂靜與忿怒百部如來，他們從未迷妄。當沒有認識佛性時，我們就是迷妄的。在你認識迷妄的本體的那一刻，迷妄就消融了。

迷妄有如在一場降神會中，某個人被鬼靈附身，突然跳來跳去，做出各種瘋狂的事情。這正是發生在我們所有人身上的情況，有情眾生被無明和八萬四千煩惱的「鬼靈」附身，全都跳過來、舞過去，做著不可思議的事情。他們經歷各種不同的疼痛和痛苦已經那麼長一段時間，一劫復一劫。但是它是自我創造的附身，它不是來自外界的事物。佛性已經迷失自我，創造了輪迴，但也是佛性認識它本身，清除輪迴的迷妄。在認識佛性的那一刻，有如鬼靈離開被附身的人。突然之間，附身消失了，我們甚至無法說它到哪裡去了。這就是所謂「迷惑的瓦解」。

我們已經經歷了那麼多的痛苦不幸，喔，我的老天爺！我們在輪迴之輪上旋轉，飽受那麼多的磨難！我們在六道輪迴間流浪徘徊，我們當然苦了！（仁波切笑了起來）一個瑜伽士就如同之前被附身，如今鬼靈已經離開的人。當我們「被附身」時，這個心在迷妄中思考，在迷妄中行動，但是在認識心性（本覺）的那一刻，附身的鬼靈立即消失。（仁波切笑了）

第二章

岡波巴四法

每個人都具有佛性，一切有情眾生都具有佛性，無一例外。遺憾的是，我們不知道自己擁有佛性，而落入迷惑之中，在輪迴中流轉。想像一顆如意寶掉入泥漿之中，外表覆上一層爛泥。首先，我們必須先認識這顆如意寶；然後，需要清潔它。

在領受教法之前，讓我們用殊勝的證悟菩提心來激勵自己。我們要有這樣的願望：「我將研習佛法，並且正確地把佛法付諸實修，藉以使一切如虛空般廣大的如母有情眾生達到解脫的狀態，以及達到殊勝、不退轉之正等正覺。」

我想要給予一個名為「岡波巴四法」（Four Dharmas of Gampopa）的教法，這個教法和龍欽．冉江所傳的「四教法」相同。「岡波巴四法」的第一法是：如何使人的心轉向佛法修行（願心向法），而包括在這第一法之內的是「轉心四思惟」（four mind-changings，又稱「四正觀」或「迴心四法」）。第二法是：如何確保一個人的佛法修行成為修道（願法循道），這包括修持四次十萬遍的四加行（又稱為「前行」）教法。第三法是：如何使修道能淨除迷惑（願道斷惑），而包含在其中的是生起次第、持咒和圓滿次第的教法。第四法是：如何讓迷惑顯露成為智慧（願惑顯智），其中包括如何透過大手印、中觀和大圓滿等三種偉大的見地來證得了義和本然狀態的教法，而大手印是「基」，中觀是「道」，大圓滿則是「果」。這岡波巴四法包含了一條完整的道路，可以讓個人在一世之內即身達至正等正覺。

第一法：如何將心轉向佛法

此時此刻，我們所有人都已經擁有極難獲得的殊勝人身，具有八種閒暇和十種圓滿。這難得的暇滿人身在一百劫之內，只會發生一次。這一次，我們已經擁有了這難得的暇滿人身。當我們活在這個身體裡時，彷彿覺得生而為人是那麼的容易，看起來不需要任何的努力。但是老實說，人身極為難得，需要前世累積的大量功德才能夠獲得。我們現在之所以擁有這殊勝的人身，都是源自我們前世的善業和清淨的願力。

我們目前的情況如同我們發現了一個如意寶。請不要白白浪費，時間迅速消逝，而我們全都會死亡。我們為什麼不可能在今生獲得一個完美的物質狀態，就是因為沒有任何事物是永久的。萬事無常，而且每個人都會死亡，如果死亡的時刻是一種全然的結束，如同水枯竭或火燃盡一般，那麼就沒有什麼關係——死亡所帶來的後果將會微乎其微。不幸的是，它並非如此，繼我們死亡之後而來的業果如影隨形，因果業報不爽的法則讓我們承受自己所作所為的結果。我們經歷自己成熟之業的地方，被稱為「六道輪迴」。自從無始以來，這種情況一直上演，我們仍然沒有解脫。

請思量我剛剛提及的四個主題的意義：殊勝人身難得；沒有什麼事物是永久的（無常）；我們都會死亡，每個人都受到業果的掌控；以及在輪迴之內，沒有什麼地方具有長久的快樂。這些即是所謂的「轉心四思惟」，它們極為重要，我們應該牢記在心，因為這不是虛構或幻想，而是事實，它們說明了我們活在輪迴中的環境與狀況。

對我們而言，要了解自己都會死亡，以及死亡之後的細節，不是不可能的。我們全都排隊站在這裡等待死亡的到來，我們需要用一種非常實際的方式來面對這些事實。在開始修持殊勝的佛法之前，把這「轉心四思惟」牢記在心是非常重要的。這就是「岡波巴四法」的第一法：如何使人的心轉向佛法。

第二法：如何確保佛法的修行成為修道

第二法：如何確保一個人的佛法修行成為修道，其中包括從事四次十萬遍的四加行。透過「轉心四思惟」，我們生起解脫輪迴，證得證悟之殊勝狀態的願望，而且不僅僅是為了自己，也要為了一切眾生。我們必須準備就緒，皈依三寶──「佛」是圓滿覺醒的遍知狀態；「法」是帶領我們達到那種遍知狀態的道路；「僧」是從佛陀的時代以來，所有維繫、宣傳和弘揚教法的大師，一直到與我們個人結緣的仁慈上師。懷著全副的信任和信心皈依三寶，使我們自己也可能覺醒。皈依三寶，尋求三寶的指引，開啟了通往證悟的道路。這就是四加行的第一加行。

生起菩提心就如同連結第一加行的一條支流，如果沒有菩提心，我們便無法在大乘之道上前進。如果我們了解，所有其他有情眾生事實上是自己過去世的父母，這將會為我們在修道上的進展提供一個非常重要的基礎。我們遇見的每一隻小昆蟲，無一例外地都曾經是我們的父母，不只是一次，而是很多次。而牠們現在都在一條錯誤的道路上，牠們都想要快樂，但是卻不知道如何獲得快樂。發菩提心代表生起這個最有勇氣的決心：「我個人將擔負起帶領一切有情眾生達到證悟狀態的重責大任！」這種菩薩戒構成了聲聞乘（Hinayana，或稱「小乘」）和大乘追隨者之間的差異。持守這個菩薩戒，即是所謂的生起菩提心。所以，皈依和發菩提心是修道的精髓。

當我們從事一個儀軌（sadhana）時，可以同時修持聲聞乘、大乘和金剛乘三乘。每當你從事一個特定的本尊修持，總是要先從皈依和發菩提心開始，這兩者是聲聞乘和大乘的要素，除此之外，別無他法。本尊本身、持咒和觀想是金剛乘的修持，因此，一個人在修持金剛乘的同時，不可能不是聲聞乘和大乘的修行者，修行者一定會在同一座的修法期間修持三乘。

四加行也包含所有三乘的修行法門，其中第一加行即是皈依和發菩提心。繼此之後是金剛薩埵的觀想和持咒，而這即是金剛乘的修行。金剛薩埵的修行由四種矯治力量（四力）所構成：第一力是「支持力」（power of support），即觀想金剛薩埵如來。第二力是「對治力」（power of applied antidote），即念誦金剛薩埵百字明咒，以及觀想甘露傾注而下，清淨障蔽。第三力是「懺悔力」（power of remorse），懺悔過去的錯誤行為和惡業。第四力是「決斷力」（power of resolution），即承諾自己絕對不要再造作任何惡行。佛陀曾經教導，在持誦金剛薩埵百字明咒的同時，憶念這四力，能夠清淨我們所有的惡業，即使我們的惡業如須彌山那般巨大，也都能夠獲得清淨。

在金剛薩埵持咒之後是曼達供養，確保我們在修道上不會面臨任何障礙。在這個修行之中，我們透過自己所能積聚的資糧（積聚功德與智慧二資糧）來創造順緣（conducive conditions，或「助緣」）。曼達供養有三種層次：（一）外曼達（outer mandala），即外在宇宙的供養；（二）內曼達（inner mandala），即有情眾生本身的供養；（三）最內曼達（innermost mandala），即究竟真如的供養，這三種層次的曼達供養與三身相對應。總而言之，這三種層次被稱為「積聚功德與智慧二資糧」。

接著，是第四加行「上師瑜伽」。人們常常說，上師瑜伽甚至比正行更深奧，因為在其中，我們可以領受到來自不間斷傳承上師的加持。這些加持來自法身佛普賢如來，一路下至自己的根本上師。它如同連接你家和主要水源的水管，讓你能夠隨時打開水龍頭，就有水流出來。透過你個人的上師，你和不間斷傳承的證悟上師們相連結，有如那條水管。藉由修持上師瑜伽，我們能夠領受佛、法、僧的加持，以及三身的加持。

當我們真的專心致力於修持前行法時，便能夠移除修道上的障礙，創造所有能夠讓我們迅速證得究竟道果的助緣。這正是「岡波巴四法」的第二法的意義：如何確保一個人的佛法修行成為修道。

一些人認為自己只是大乘或金剛乘的修行者，另一些人說，他們只遵循上座部（Theravada）佛教，並且不知道上座部佛教以外的任何事物，但是這種說法只顯露他們欠缺了解。三乘完全不是各自獨立的，我們可以同時修持三乘，事實上，為了有一個堅固的基礎，我們必須修持三乘。如果沒有真正專心致力地修持「轉心四思惟」和皈依，我們就沒有連結佛教教法的真實基礎。同樣地，如果你想要喝茶，便需要一個放置茶杯的地方，你需要一張桌子，而這張桌子就如同聲聞乘或小乘的教法。你也需要盛茶的茶杯，而這茶杯即是大乘的態度。你也需要茶，不然就沒有東西可喝，而你需要喝東西。金剛乘的教法如同注入杯中的茶水。

同樣地，為了證悟，我們首先需要和三寶相連結。「皈依」意味著我們把自己交託給三寶，而這包含了小乘的教法。在此之後，如果我們所有的如母眾生還在輪迴中流轉，而只有自己證悟，那麼有什麼用處？那簡直是厚顏無恥。話說，小乘的態度有如包含在一頭牛的蹄印內的小水灘，而大乘的態度則如整個海洋般廣大浩瀚。每個人都需要證悟，不只是我們自己。第三，如果沒有包括本尊、咒語和三摩地在內的金剛乘甚深教法，我們就無法在今生即身達到正等正覺。因此，我們需要小乘、大乘和金剛乘三乘。把自己視為某種優越的修行者，不需要「低下」或「次等」的教法，這完全沒有必要，這樣的心態非常不切實際。

確保一個人的佛法修行成為修道，代表清淨障蔽和惡行。這些障蔽和惡行製造了障礙，阻擋了通往正等正覺的道路。即使某些人可能認為四加行沒有必要，但是卻有一個修持前行法的甚深理由。那就是透過四加行，我們真的能夠清除障礙，使自己的佛法修行成為證悟道。

第三法：如何讓修道釐清迷惑

在清除了障蔽，積聚了功德與智慧二資糧之後，我們進入「岡波巴四法」的第三法：如何讓修道釐清迷惑。在此，迷惑是指障蔽我們的內在自性，阻礙我們證悟的事物。每個人都具有佛性，一切有情眾生都具有佛性，無一例外。遺憾的是，我們不知道自己擁有佛性，而落入迷惑之中，在輪迴中流轉。想像一顆如意寶掉入泥漿之中，外表覆上一層爛泥。首先，我們必須先認識這顆如意寶；然後，需要清潔它。一旦這麼做之後，我們就可以使用它。我們都是如意寶，但是卻對自己真實的面貌缺乏認識，因此也沒有使用它，以及實現它的能力。我們需要清除覆蓋自己本初狀態的塵垢，而這本初狀態即是如意寶，我們可以透過修持金剛乘來達到這個目的。

其中最著名、最甚深的方法即是金剛乘修行的三要點：本尊、咒語、三摩地。藉由修持由本尊、咒語和三摩地組成的生起次第，我們實現自己真實的面貌。為了適當地修持生起次第，我們需要放下所有凡俗、唯物近利的世界觀。在念誦本尊咒語時，不要去想：「我置身在這個世界，我在我普通的房子裡，我在我平凡的身體裡。」我們首先需要把一切融攝入甚深空性之中，然後觀想天界的宮殿，本尊的寶座和所有其他的細節。透過這甚深的本尊、咒語和三摩地的修持，我們能夠讓修道釐清迷惑。

請記住，在修持生起次第時，我們不是把自己想像成為另外一個人。每一個人都具有證悟的本質，而這本質也具備證悟的三個面向——三金剛。透過本尊、咒語和三摩地，即是完全認識這種本質的方法。生起次第的修行純粹是了知事物「如是」的本質，這樣的修持正如同了知一顆寶石為如意寶那般，它不是我們把一塊普通的石頭想像成一顆寶石。不論我們多麼努力觀想，石頭都不會擁有寶石的價值或品質。生起次第修行的甚深程度是不可思議的。

第四法：讓迷惑顯露為智慧

現在讓我們看看「岡波巴四法」的第四法──讓迷惑顯露為智慧。即使我現在要說的內容聽起來會非常高調，但那不是我自己揑造出來的。我沒有能力去揑造我自己的教法，或發明某條嶄新而甚深的修道，完全沒有那種能力！即使我有這種能力，也沒有必要那麼做，因為人們不會感興趣，我寧願重述佛陀和過去偉大上師的話語。

一切有情眾生都具有佛性，從法身佛下至最微小的昆蟲，無一例外。這種證悟的本質在個別的有情眾生之間，沒有品質或大小的差異。然而，諸佛和正等正覺的菩薩們從一開始就已經斬斷二元分立的心的活動，這就是諸佛、菩薩異於有情眾生之處。諸佛、菩薩的心是以慈悲事業的形式來展現，為了教導其他的眾生，諸佛、菩薩的慈悲事業透過化身和再化身的方式在輪迴中顯現。

另一方面，有情眾生已經落入二元思惟的控制，凡夫的注意力隨著心的活動而移動偏離。突然之間，有了迷惑──相信自我與他人、主體與客體，而這種情況永無止境地一再重複上演，這就是輪迴。諸佛、菩薩成功地踏上證悟的乾燥地面，但是有情眾生的我們卻變得迷惑糊塗，並且發現自己陷入一個不成功、不滿足的狀態之中。我們仍然置身輪迴的汪洋，尚未把頭完全浮出水面。我們在一個接著一個、迷惑的覺受狀態中流浪徘徊，永無止境。在此同時，我們沒有失去自己的佛性，我們的佛性從未與心分離，連一剎那也沒有，雖然沒有與佛性分離，但是我們卻不知道，因此仍在輪迴中流轉。

現在是我們從輪迴中解脫的時刻，除非我們在今生這麼做，否則它不會自行發生，我們必須照顧自己。現在我們有能力領受教法，修持佛法，這不是正確的時機嗎？這難道不會好過繼續像畜生一樣行動，只全神貫注於吃飯和睡覺，讓時光流逝？你何不掌握自己的未來？

我們有可能了證自性，因為我們已經體驗到一位住世之正等正覺者的大慈。佛陀不只出現在這個世界上，也傳授如何了證自己佛性的殊勝教導。透過不間斷傳承的偉大上師，我們得以親近這些教導我們如何了悟證悟本質的教法。

「惑生為智」（confusion arising as wisdom）的意義在於，了解佛性普遍存在於一切有情眾生之內。我們沒有喪失佛性，它從未與我們的心分離，連一剎那也沒有。這個佛性一直存在，唯一隱藏它的是我們自己的思惟，沒有其他事物能障蔽佛性。佛性因為表相而受到障蔽，這如同太陽在清朗的天空燦爛閃耀，雲朵是唯一遮蔽太陽的事物，而雲朵本身是透過太陽的展現而被創造出來，例如太陽的光與熱。雲朵不是來自任何其他地方，太陽的熱使水分蒸發，形成遮蔽太陽的雲朵。同樣地，我們自己的注意力以迷惑的思惟的形式展現，而這種思惟障蔽了我們。換句話說，我們遮蔽了自己的佛性，現在是清除這種迷惑的時機。

今日，我們有幸擁有美好的教法，顯示我們如何認識自性，從輪迴中解脫。如果我們選擇繼續受到自己行為和情緒的障蔽，那麼將會不知道接下來會發生什麼事情。我們過一天算一天，如果明天就要死亡，我們今天卻一無所知，真的如同畜生般愚蠢。從另外一個角度來看，我們甚至比畜生還要愚蠢，因為我們可以領受如何修行的教法；事實上，我們可能已經領受了如何修行的教法。如果不使用這些教法，我們就遠比畜生愚蠢，因為畜生身不由己，牠們沒有可以領受教法的身體。但遺憾的是，我們人類已經被帶上修行之道，卻可能會浪費這殊勝的機會。這多麼可悲！

因為三寶的仁慈，我們有幸領受教法，並且能夠透過教法而使迷惑顯露為智慧。在此，「迷惑」是指信假為真，它和誤解是一樣的。我們要如何把迷惑轉變為智慧？首先，需要了解什麼是「迷惑」，它是指把「不是」當作「是」，即是「了知『是』為『是』」的相反。在西藏，有一種稱為「達圖拉」（datura）的藥物，當服下這種藥之後，你會把其他人看成有五十個頭或三十隻手。我們知道在這個世界上那是不可能的，這就是迷惑的一個例子。

在我們的佛性之內，有證悟身、證悟語和證悟心（證悟意）三種功德。不變的功德有如虛空般開放，被稱為「金剛身」；不息的功德稱為「金剛語」；無謬的功德——在無念頭的情況下有所覺知的能力，被稱為「金剛意」。金剛身、金剛語和金剛意三者，原本就存在於一切有情眾生的自性之內，我們所需要的即是認識這種自性。即使具有三金剛，我們卻一無所知，因而繼續在輪迴中流轉。凡俗的迷惑覆蓋我們本具的三金剛：我們的血肉之軀覆蓋金剛身；時斷時續所說的話、所發出的聲音，障蔽金剛語的不息功德；來來去去、一刻復一刻、一日復一日、一生復一生永無止境地生滅的念頭，正是障蔽金剛意無謬功德的事物。現在，我們要做的是認識自性，而不是繼續迷惑。

第二章

佛不在他處

解釋心性的理論如同描述印度菜、中國菜等不同美味可口的佳餚，以及說明每一種佳餚的口味。你對這些菜餚嚐起來可能是什麼樣子有智識上的想法，但是你可以去聽一百場演說，有的仍然只是一個想法而已。

我們主要的導師釋迦牟尼傳授大量的教法，如果我們要把佛陀的教法全部用文字記錄下來，其數量將達數千卷。但是，這所有的教法主要都和一件事情有關：這個「心」是什麼樣子，這個「心」的行為方式是什麼，也就是這個「心」的真實面貌是什麼，以及這個「心」從表面上看起來是什麼樣子。佛陀所有的教導都牽涉了這個課題，如果要詳細地說明，我們可以說，佛陀傳授了八萬四千種不同的法門，用以對治他在有情眾生身上所觀察到的八萬四千種不同的煩惱。儘管如此，我們仍然能夠把所有的教法濃縮成為一個重點：關於「心」表面上看起來是什麼樣子，以及「心」的真實面貌的教法。

「心」是什麼樣子？

由於佛法順應各種不同人的根器，因此你可以說，佛法有九乘——九種層次的教法。人各有不同：有些心智敏銳，有些才智平庸，有些則愚鈍。這三種類型的人可以再各自細分為三種，因此共有九種類型，而有了九種層次的教法——九乘。對於那些具有最下等根器的人，佛陀教授聲聞乘、緣覺乘和菩薩乘。對於具有中等根器的人，佛陀教導《事部》（*Kriya*）、《行部》（*Upa*）和《瑜伽部》（*Yoga*）等三外密續。❶對於具有最上等根器的人，佛陀傳授《瑪哈瑜伽》（*Maha Yoga*）、《阿努瑜伽》（*Anu Yoga*）和《阿底瑜伽》（*Ati Yoga*）。❷

親近佛法的方式有兩種：學者（pandita，音譯為「班智達」）的方式，以及庫蘇盧（kusulu）的方式，即一個單純禪修者的方式。「學者」的方式需要對佛陀教法的內容有完整的了解，而這需要對教法的整個主體產生一種看法。學者需要鉅細靡遺地了解九乘的一切，從色蘊開始，一路上至遍知的狀態，也就是證悟的狀態。學者需要完整地了解一切事物如何在因果中運作。

相對於這個方法的是「庫蘇盧」的道路，即一個單純禪修者的道路。對這種人而言，佛陀教法的主要重點無他，差別只在於是否認識心性。不認識心性即是輪迴，認識心性即是涅槃或解脫。正是從這個觀點，我們才說所有佛陀的教法都關於「心」。

因此，這心究竟是什麼樣子？在本質上，心是空虛的，百分之百的空虛。這一點是毫無疑問的。心是空虛的，而且從本初以來，一直都是如此。在此，我們常常用「虛

❶《事部密續》（*Kriya tantras*）強調外在的清淨行為和手印，認為外在行為比內在瑜伽重要；《行部密續》（*Upa tantras*）同等重視外在和內在；《瑜伽部密續》（*Yoga tantras*）強調禪定的內在瑜伽更重於外在行為。

❷《瑪哈瑜伽》（*Maha Yoga*）、《阿努瑜伽》（*Anu Yoga*）和《阿底瑜伽》（*Ati Yoga*）屬於密續內三乘。《瑪哈瑜伽》主要修生起次第，屬於「父續」；《阿努瑜伽》主要修圓滿次第，屬於「母續」；《阿底瑜伽》即大圓滿，屬於「心續」，是最殊勝、最方便的法門。

空」來做比喻。虛空本來就是空虛的，沒有製造者或創造者。心是如實地空虛，但其顯現或似乎有顯現的是具有覺察的本質。遍知是空虛的心的覺察品質，它了知一切，不論它是輪迴、道路或涅槃，這兩個面向被稱為「實相」和「表相」。實相是空虛的；表相是有一個體驗一切的事物。

心性包括諸佛之三身。你可以說，有一個佛，這個佛是空性；有一個佛，這個佛是覺性；有一個佛，這個佛是遍在的能力。他們是無別的，而不是三種不同類型的佛。這種無別本身即是自性身（svabhavikakaya，essence body，或「體性身」），這種無別的本質以心續的方式存在於每個眾生身上。如果我們認識到這種無別的本質即是自己的本然面貌，就不需要到其他地方尋找佛。如果到其他某個地方去找佛，你將一無所獲！這即是以下這句名言的含意：「雖然我心即是佛，但我卻視而不見。」

每個人都具有佛性，如同油脂自然而然地存在於芝麻粒之中。壓榨一粒芝麻，你一定會榨出一點點芝麻油。同樣地，佛性存在於每個眾生之中，從普賢如來下至最微小的昆蟲。我們的業和煩惱決定自己最後如何進入這不同的色身、不同的轉世之中。

我們能夠了解這個道理的程度有極大的差異。某些人只要聽聞這個教法的一個句子，就會立刻了解。其他人不論傳法上師費盡多少唇舌，始終不得要領，無法領會。一個人了解與否，取決於他的佛性所連結的特定身體類型和特定的心態種類。但是，每個人所具備的佛性本身卻是相同的，無增、無減，沒有改變或更動。它不是一個人具有高等卓越的佛性，而另一個人則具有低等的佛性。它不是普賢如來具有一個真實的、非常善妙的佛性，而一隻狗或一隻豬則具有下等的佛性，或者完全沒有佛性。在他們的佛性之間，沒有任何的差異。

我們的任務是去認識和了證自己的佛性，然而，如果我們居住在一個不具有認識和了證佛性能力的身體之內，就沒辦法這麼做。即使如大象和老虎等最強壯的動物，也無法了證自己的佛性。在六道輪迴的有情眾生之間，只有人類能夠認識他們的佛性，只有人類能夠了解教法的含意。我們或許置身一個黑暗的末法時期，但是仍然具有認識自性的能力。

一個古老的授記說道：「當墮落的末法時代猖獗時，金剛乘的教法將如野火般蔓延。」當三毒在人們的心中熾燃時，人們比較容易去認識對治三毒的解藥，而這個解藥即是認識佛性。

在欲界、色界和無色界三界之中，欲界眾生心中的三毒最為猛烈，在色界和無色界則幾乎沒有任何的煩惱。如果沒有煩惱，那麼對治三毒的解藥——認識心性，就沒有真正的力量。

我告訴你們這個，只是為了讓你們了解其中的背景。我在此想要提出的要點是，一切事物都包含在實相和表相之中。至於實相，我們要記得，心原本是空虛的。本初的覺醒（本覺）本質是空虛的，本性是覺察的，其能力是遍在的。這本初的覺醒（藏yeshe），不是空白的空無，它是覺察的，具有了知的能力。當談到實相（本初）時，我們說的就是這個。本初覺醒的空性是一切諸佛的法身；其覺性是一切諸佛的報身；它也具有遍在的能力，而這種空覺無別的本具能力，被稱為一切諸佛的化身。這三身形成一個無別的自性身，也就是我們自己的心。這存在於每個人之中而相對於表相的本初實相，正是我們所謂的「佛性」。

心也是「覺受與空性的結合」（覺空雙運）。你可以說，表相和實相也是一體的，而在表相與實相的一體之內，心是覺受與空性的結合。我們可以用以下的方式來加以描述形容這一點：「內在的心性是法身，內在的覺受是法身之明燦光芒。」它如同太陽與陽光，如同身體與四肢，如同天空與雲朵；同樣地，表相是實相的表現。現在，我們體驗到在外在的地、水、火、風、空等五大元素，它們透過五種感官而顯現在我們面前，不是嗎？而體驗到五大元素表相的是心，如果沒有心，會有任何顯現的事物嗎？這些顯相的展現對象會是什麼？因為心有所體驗，你就無法否認顯相的存在，說沒有顯相是一個謊言。你無法否認顯相看似真實的表面實相，因為有所覺受的是心。但是請記住，這心是空虛的。

所有的顯相都是空虛的，在某些方面，它們全都可以被摧毀、消滅。水會乾涸、蒸發、消失，看似堅實的物品可以被火焚毀，而火焰本身最後會燃燒殆盡。在某個時候，整個宇宙會被七次大火和一場大洪水摧毀。如此一來，一切顯相終究是空虛的。

究竟而言，心也是空虛的，但是它空虛的方式和顯相空虛的方式不一樣。心可以體驗一切，但是無法被摧毀，它的本性是一切諸佛的法身。事實上，你無法對心做任何事情，無法改變心，無法把心沖走，無法埋葬心或焚毀心。真正空虛的是顯現在心面前的一切顯相。所有這些顯相在究竟上是空虛的，將會完全消失，因此，我們真的不必過度擔心或過度分析它們。它們真的只是一場魔術表演，如同惡魔施魔法來愚弄你。所有的顯相都是一場魔術表演，只有心有所體驗。事實上，我們可以說，對顯相的體驗是心的魔術表演。

體驗心性

三身本來就存在，它們不是某個人能夠暫時製造或生產出來的事物。自生的覺醒（self-existing wakefulness）是一切諸佛從一開始的了悟狀態，它是本初的。自生的覺醒存在於一切眾生之內，它只需要被了知。當具格的上師把此一自生覺醒介紹給我們時，即是我們了知這自生覺醒的機會。本具的自生覺醒不是我們將會在未來尋獲的事物，也不是過去所擁有的事物，它現在就存在。我們不必去接受它或排斥它，不要對它做任何事情：不接納、不避免，不對它懷有任何希望或恐懼，不要試著改變它、更動它或改善它。這完全沒有必要。

認識自生的覺醒不同於檢視思考的心，後者純粹是去注意正發生在人心中的活動：「現在我快樂、現在我悲傷。」在注意之後，我們再度陷入迷惑的思惟之中。有情眾生正是以這種方式追逐自己的念頭，而在輪迴中流轉。當感覺快樂時，他們渾然忘我，一笑再笑；當感覺悲傷時，便坐著哭泣。

我在此所解釋的是理論，是智識上的理解。但是說真的，大家有必要針對我所說的內容獲得一些個人的體驗。闡釋心性的理論如同描述印度菜、中國菜等不同美味可口的佳餚，以及說明每一種佳餚的口味。你對這些菜餚嚐起來可能是什麼樣子有智識上的想法，但是你可以去聽一百場演說，有的仍然只是一個想法而已。一旦你嚐了一口，食物碰觸舌頭和味蕾而嚐到味道，在那時，你對那種食物的真正味道才有了真正的信心。那稱為「經驗」（覺受），我們真正知道這食物美味可口或令人作嘔。經驗是如人飲水，冷暖自知的。

見地如果僅僅只是理論，就毫無用處。我們聽聞以下的佛教陳述：「一切皆空，從色蘊上至遍知證悟的狀態，一切都缺乏真實的存在。」這是舉世皆知的佛教原則。聽聞它、理解它，即是對它產生智識上的了解。事實上，佛陀不是從智識的立場來教導這個道理，而是出自他個人的體驗，那就是「一切皆空」（一切事物都缺乏真實的存在），從色蘊上至正等正覺的狀態，都是如此。但是聽者或許會說：「好吧！佛陀說一切皆空，缺乏本體。」然後，他或許會繼續想：「嗯，那麼善惡也是空的，所以我行善或行惡有什麼關係？」這是一個嚴重的邪見。如果僅僅相信某件事物就已足夠，那麼何不去想「我是一個正等正覺佛」？只有相信就足夠了嗎？純粹相信你自己是證悟的，你就會是證悟的嗎？僅僅對見地有理論上的看法是不夠的。

領受直指教導即是體驗心性，體驗如同把食物放進口中；不去體驗，就無法品嚐食物。一旦你吃到食物，就會知道它是美味可口或難以下嚥，那就是經驗。經驗（覺受）

是本覺的嚴飾，當我們談到本覺時，唯有覺受是有用的。只把它當作理論，不會有任何幫助。如果它有幫助，我們就可以紙上談兵地說：「喇嘛針對空性說了這個和這個，所以空性可能就是那個樣子。」但是我們永遠不會肯定地知道空性是什麼，那就是理論。當你認識自己的心性時，那就是見地的覺受。

在授予和領受直指教導時，應該首先念誦皈依文和菩提心文。這個教法不是膚淺的教法，它是真實的事物。即使它是究竟的教法，人們仍然應該念誦皈依文和菩提心文。念誦皈依文和菩提心文是為了感謝佛、法、僧，我們才得以認識真實的皈依對境。佛陀的話語（佛法）已經以文字記錄下來成為法本，崇高的僧伽是至今一直護持和宣揚這個教法的人。

接著，根據傳統，你要想像自己的根本上師位於頭頂上，並且對根本上師發出衷心的祈願。普賢如來是一切諸佛的本初父，他代表法身。五部佛是報身，而文殊菩薩（佛部）、觀世音菩薩（蓮花部）和金剛手菩薩（金剛部）等三部主則是化身。從這些佛到你的傳承，就如同水從山頂上一路向下流到這裡，如果在途中沒有受到任何中斷，這水會直接從你的水龍頭流出來。同樣地，如果傳承沒有任何間斷，那麼你從目前的上師所領受的教導就被稱為「單一無間口傳教授」（the single uninterrupted transmission of instruction）。如此一來，諸佛三身的加持也是不間斷的，這就是你應向根本上師祈願的理由。

空虛和覺察的面向

你只要讓心認識心本身，如同斬斷念頭一般，那稱為「立斷」（Trekcho）之見，即「徹底斬斷」（thorough cut）之見，它徹底的程度如同把一條繩子一刀兩斷，完全分家。這種空性不是我們透過禪修而想像出來的事物，它本然如此，本初如此。我們甚至沒有必要去想它是空虛的，只要安住其中，不去想像或思考任何事情，在你想「現在它是空的」剎那，一個念頭就已經偷偷地溜了進來。這是沒有必要的，這形成概念、執著於概念的持續過程本身，即是輪迴的根源。你不必去想「這太好了！」或「這不對！」，你要完全離於概念上的念頭，這稱為「認識當下的覺醒」。

「立斷」也稱為「四分離三」（four parts without three），其離於念頭的方式是離於過去、現在、未來等三部分的造作念頭，而第四個剎那即是不受時間影響的勝妙剎那。在這個剎那，意識（識）、感覺器官（根）和感覺對境（塵）之間的連結都被斬斷，一旦這種連結中斷了，輪迴的鎖鏈就斷了。自生覺醒需要去認識它本身。

「立斷」斬斷輪迴的連結，其間只有空氣的縫隙。安住於其中，不要追隨過去，也不要計畫未來。佛陀描述這種認識心性的剎那：「無色、無聲、無香、無味、無觸、無法」。在梵語中，「法」（mental objects）稱為「dharma」，但是在此的「法」不是指殊勝的佛法教法，而是指「現象」。

在這種自生的覺醒之中，沒有什麼東西可看，而這正是所謂的「空性」（emptiness；梵shunyata）。「空」（empty）有兩種不同的類型——空虛（empty）和空性（emptiness）。虛空是空虛的，完全空虛的虛空能夠看見它自己嗎？另一方面，心是空性。我們所需要看見的是如實的空性，而不是某件隱藏的事物。我們需要去看見空性，而看見空性者，即是我們覺察的品質。在看見空性的剎那，真的連髮尖那麼一丁點的東西都沒得看嗎？這正是第三世噶瑪巴讓炯．多傑說這句話的意義：「當我們一而再、再而三地注視不可見的心，我們就會清晰而如是地看見沒有什麼東西可看的這個事實。」「清晰而如是地看見」是指如實地，而不是隱藏地。在你注視心性的那一刻，你就清晰而如實地看見了心性。另一方面，如果我們坐下來想：「喔，心可能如虛空般空虛」，那麼那只是一種想像。我們不需要這麼做，不必想心是空虛的；在實際上，它是空虛的。當你看見心的「如是」面貌時，你就已經看見它是空虛的了。

心在本質上是空虛的，然而，它具有時時刻刻清楚了知一切的覺性。空虛和覺察這兩個面向原本就是雙運的，你不必把「心性」理解為像自己這樣的主體，把「了知」理解為一個客體。空虛與覺察本是一體，如同水本是濕潤的，火本是熱燙的。我們不需要有「觀者」和「被觀者」的念頭，也不需要製造「現在我看見它了」的念頭，如果這麼做，就等於是在心中持有一個概念。如果我們認識思惟者，念頭就會自行消失，因為念頭不具有穩定性。每個念頭都是空虛的，當你真正注視念頭時，它只會自行消失。一旦你真正發現這一點，就不需要東看西看，只要保持「如是」即可。

在體驗心性的剎那，我們是否不可能找到任何字眼來形容心性的真實面貌？如果你確實找到一些文字來形容它——「現在它是空虛的；現在它是覺察的」，難道這些不是使心壅塞的文字嗎？當我們的整個重點是在讓念頭消融時，形成更多的念頭有什麼用處？

你們可能已經聽過這段引言：「般若（智慧）超越念頭、文字和形述。」在認識心性的剎那，你不可能找到任何能夠形容它的語言和文字。你要讓念頭消融，讓它自然而然地消失。在這個世界上，沒有任何其他的事物能夠讓念頭消失，我們可以爆破所有的核彈，但是心仍然會攪拌出念頭。認識自性即是讓念頭消融的唯一途徑，在認識心性的那一刻，念頭自行消失，不留任何痕跡。何以如此？因為一切有情眾生的心一直以來都是空虛的，空性的覺受不是突然間從什麼地方迸出來的，在你認識自己心性的剎那，沒有什麼東西可看。

老實說，你對心性的認識不會持續超過兩秒鐘。因為我們老是陷入念頭之中，這是一個從無始以來一直存在的習慣。我們對心性的認識沒有真正的穩定性，對心性的了悟很快就喪失了。我們遺忘心性的那一刻，便開始想許多不同的事情。然後，再次注意到：「喔，我分心了，現在我在想各種其他的事情。」

認識心性的修持純粹是讓自己住於本然（naturalness）之中。在此，「本然」是指沒有任何技巧，沒有任何妙計。以下是一個非常簡單的例子：河流中的水需要某個人推它往下流或拉它往下流，還是它自然地往下流動？你不需要去做任何事情。我這張桌子所使用的木材已經被打造成這個形狀，當它是長在山坡上的一棵樹時，它是自然而無修飾的。然後，某個木匠砍下它，把它製作成為一張桌子，現在它是人造的。我們需要避免把自己的明覺形塑成為某件人造的事物，在你認識心性的那一刻，不要擔憂、判斷或猜測它，也不要對它做任何事情，不要試著去改善或改變它，讓不散亂的狀態盡可能地維持為不散亂的本然。你清楚地看見沒有什麼東西可看，不要試著去改善它或修改它。

在這個修行之中，人們根據他們之前的訓練而體驗到不同程度的內在穩定性。我們很難說那種內在的穩定性可以維持多久，它可能維持一下子，但是如果之前沒有任何訓練，它可能幾乎立即消失。不要坐在那裡強迫它發生，也不要去想：「我一定不可以分心，我一定不可以分心。」你只要讓不散亂的剎那自然而然地發生與開展即可。認識心性不代表坐在那裡觀修心性，它表示我們純粹讓自己的空覺本性保持它原本的狀態，並且體驗那種本然的狀態。

那正是我們真實的面貌：在本質上是空虛，在本性上是覺察，具有覺知的能力，並且在空虛與覺察這兩個面向之間沒有任何藩籬。這空性的品質稱為「法身」。但是，我們不只是空虛的──不像虛空般只是空虛的，也擁有了知的品質，這就是所謂的「覺性」──報身，而充滿明覺、空覺雙運，即是能力。「能力」在此意指空虛與覺察是不分離的，它們原本就是一體的。「充滿明覺」是指本覺，一切有情眾生的心都是空虛與覺察的雙運，但是因為有情眾生的心沒有充滿明覺，因此他們不知道這一點。雖然有情眾生的心是空虛與覺察的雙運，但是他們卻因充滿無知而了無覺察。在認識空覺是我們自性的剎那，它就成為充滿了知、充滿明覺的空覺。

無念的覺醒

諸佛與有情眾生之間不同之處，即在於「了知」和「無知」的差別。「了知」代表明白自己的自性——本然的面貌，這未經修改、未經造作的當下覺醒，即是真正的普賢如來，而且從未與我們分離。當我們認識心性時，本然地安住於其中。當這個當下的覺醒認識它本身時，就沒有任何東西可看，那即是空性——法身。然而，除了了悟到沒有什麼東西可看之外，我們也有某種了知，知道其中沒有什麼東西可看，或看見其中沒有什麼東西可看，那即是覺性——報身。這空性與覺性是永遠不分離的，那即是空性與覺性的雙運——化身。

在認識心性的那一剎那，我們就已經看見了法身、報身和化身三身。沒有什麼事物可以阻擋這種了證，或介於三身和你的明覺之間。了知這一點，即是「自我了知的本初明覺」（self-knowing original awareness），也就是藏語「rang-rig yeshe」。「無知」即是輪迴，無明即是有情眾生，了知即是佛。這個教法非常殊勝，直指人的自性是一種極大的大慈，而完全因為佛陀的慈悲，我們今天才會擁有這個教法。③

簡而言之，你要認識自己，並且和覺醒者之三身面對面。如果你讓注意力分散，陷入三毒之中，就等於偏離進入更深的輪迴。那肯定會發生的，不是嗎？當看見一個美麗的色相時，我們喜愛它；看見醜陋的事物時，我們痛恨它，不是嗎？如果那件事物既不美也不醜，我們就會不在乎。這些即是三毒，它們持續不斷地出現。當看見喜歡的事物時，我們變得著迷而執著；對於不喜歡的事物，我們感到嫌惡，連看都不想看；對於既不喜愛也不嫌惡的事物，我們則漠不關心，感到乏味且不屑一顧。在忙碌於三毒的那一刻，我們就不會了知自性，覺醒狀態的三身也消失了。

沒有什麼可以勝過面對面地遇見覺醒者的三身，那不是千真萬確的嗎？看見沒有念頭，可以降伏或驅除任何先前的念頭。當太陽照耀時，就沒有黑暗。當看見沒有念頭時，任何念頭就不可能繼續逗留或形成，迷妄徹底消融，覺醒狀態是了無念頭的。但是僅僅去想「我想要離於念頭」，並不是一種覺醒狀態，它只是另一個念頭。「現在有念頭嗎，還是了無念頭？」這樣的檢查動作也是相同的，那不也只是另一個念頭嗎？我們必須完全地安住，不與念頭交遊，也不受到念頭的染污，覺醒狀態離於念頭，卻是清醒的。如果我們穩定而漸進地修持，它就會變成全然的覺醒狀態——成佛的狀態。

在認識心性的剎那，有一種本然的堅固或穩定。我們可以透過比較一根針和一根頭髮，來了解本然的穩定是什麼。不論一根頭髮有多粗，它都不是穩定的，最輕微的微風都會讓它移動；但是一根針不論有多細，它都不會被風吹彎。我們需要獲得本然穩定的空性，我們不需要透過禪修來想像空性，如果這麼做，它就變成一種思考的行為——我們只是在想空性。當忘記心性時，我們變得散亂，迷惑因而生起。禪修是概念，散亂是迷惑；相反地，我們要達到本然穩定、不散亂的非禪修狀態。這種不散亂的非禪修狀態

③ 請讀者了解，我們已經刪除直指教導的細節，只留下類似的輪廓作為參考。讀者們有必要從具格上師那裡親自領受完整的教法。

不是你必須創造出來的事物，你不必緊緊抓著那樣的想法不放，只要離於念頭，讓當下的覺醒保持本然的穩定即可。你要穩定地保持無念，而不是穩定地持有念頭。

這麼做，即是去體驗我們所謂的「當下覺醒」（present wakefulness）或「無念覺醒」（thoughtfree wakefulness）。「無念」是指離於概念上的思惟，但是卻沒有喪失了知或覺醒的品質。如果你想要知道喪失這種覺醒感是什麼樣子，你可以叫一個人用一根鐵條把你打昏，這樣就可以體驗什麼是無意識狀態！現在，在認識心性的剎那，我們不是無意識的，沒有喪失覺醒的品質，但是卻沒有念頭。如果你用一輩子的時間如此修行，最後你的思惟會減弱，念頭會減少，但是無念覺醒的連貫性卻沒有喪失。它延續的時間自然而然地會變得越來越長，而概念思惟的時刻會變弱，佔用的時間也會越來越少。最後，你會完全離於念頭。概念上的思惟消失，只有當下無念之覺醒，日日夜夜不間斷，這即是所謂的「佛心」（buddha-mind）。

我們需要修持這無念的覺醒，但不是透過觀修它或想像它來修持，這無念覺醒本來就已經存在了。然而，這當下的覺醒會陷入思惟之中。你只要去認識，認識當下的覺醒，你就會離於念頭。不要忘記，不要散亂，但這不表示你要坐在那裡，強迫自己的心不要散亂，不要忘記，這麼做只會把事情搞砸。你只要讓自己的本初狀態保持不散亂的非禪修即可。當二元分立之心的所有活動都消失，當獲得完全穩定、自在的空覺時，我們就不再有停留在輪迴三界的基礎。

死亡的時刻

即使我們對本覺的認識並非日日夜夜毫不間斷，即使只能維持短暫卻多次的時間，認識心性這個修持的價值，在死亡的時刻將會完全顯現。在某個時候，我們肯定都會死亡，在這個世界上，沒有人可以逃避死亡，出生的人都會死。如果能夠在呼吸停止、與這個虛幻之身分離的剎那認識心性，我們就能夠在三秒鐘之內圓滿那種認識的強度，並且使其穩定。它變成法身的狀態，正如同虛空與虛空融合在一起，就像一只花瓶破了，原本被瓶身區隔的瓶內空間和瓶外空間，在花瓶破碎的那一刻融合為一。同樣地，非造作法身的根本狀態（ground state of unconstructed dharmakaya），也就是存在於每個人之內的佛性，以及道法身（path dharmakaya），也就是我們修持的空覺，結合成為無別之雙運。

我們的靈魂與肉體分離的過程，伴隨著所有粗重與細微念頭狀態或心理模式的分解。此時，完全沒有任何東西遮蓋心的本初狀態，這稱為「正等正覺之根本明光」（ground luminosity of full attainment），有時被形容為「根本明光與道明光（path luminosity）面對面」。在那個時刻，我們今生修持的力量能夠創造認識本初覺醒的可能性。如果我們完全沒有修持，那麼本初狀態不會維持超過一瞥的時間；如果有所修持，那麼我們非常有可能在那個時刻達到正等正覺。這在一部密續中有提及：「一剎那間，差異立見；一剎那間，達至正等正覺。」在那時，唯一必要的是，讓我們對本初覺醒的認識維持三秒鐘的時間。經典上描述，那時間的長度有如揮舞西藏袍子的長袖，或在空中揮舞一條白絲巾（哈達）三次所需的時間。如果我們能夠做到這一點，就能夠在死後的狀態獲得完全的穩定。

根本明光如同母親，而道明光如同孩子。母子總是會彼此相認，不是嗎？當根本明光與道明光在剎那間彼此相認時，不論我們通曉熟悉的程度有多麼低，那仍然足以使我們投生清淨佛土，即所謂的「本然化身界」（natual nirmanakaya realms）。在那裡，你將注視佛陀的面容，聽聞他的聲音，降伏殘存的障蔽。如果我們對根本明光與道明光相會相當熟悉，它如同虛空和虛空融合在一起，而你就成為一味之法身狀態（one taste with the state of dharmakaya）。

今生的修持為什麼能夠在死後產生如此巨大的利益，這是因為在中陰（bardo）狀態之中，我們的心和身體不是相連結的，因此心離於我們活著時所體驗到的持續不斷的障蔽。現在，我們可能在一瞬間認識心，然後它立即又被遮蔽起來；但是在死後，由身體所創造出來的障蔽並不會出現在那裡。

你需要修持這些教導，藉以降伏所知障（cognitive obscuration）。藉由這個修持，你終將達到不退轉的狀態，這是真真實實的結果，是努力修行所掙得的利益。我們應該從自己的修行中體驗到一些正面的結果，這個修行肯定會在死亡時有所幫助。此時此刻，我們可能在從事認識和維持本然狀態的修行，但是不會立即證悟，因為心和身體仍然連結在一起。儘管如此，修行仍然會在今生帶來許多其他的利益。其中一個利益是，我們不會落入三毒的控制。當我們認識心性，鞏固對心性的認識，並且達到穩定的狀態時，那麼不論我們和誰在一起，或前往何處，都會充滿喜悅，快樂的太陽永遠照耀。否則，就會像其他平常人一樣，不快樂時鬱鬱寡歡；快樂時，過度狂喜。換句話說，我們完全是不穩定的。藉由這個修行，好與壞都變得平等，沒有必要去接受其中一個，以及排斥另外一個。即使在死亡之前，我們都能夠完全感到自在。

普通人的心的狀態總是從一件事轉變到另一件事，這正是真正的問題癥結。有情眾生完全是不穩定的，但是已經真正認識心性，留在山間閉關的人，則完全離於痛苦。即使在今生，這些修行也能夠使我們完全離於痛苦，在快樂的道路上繼續前進，這個修行具有大利益。平常人心的狀態一直都在改變，保持那種心的狀態永遠不會令人感到愉悅，當我們不快樂時，完全被那種不快樂的感受所淹沒。我們最好認識覺醒的空覺，安住於其中。

證悟者的教法

基本上，這個修行除了要對心性獲得穩定的認識之外，完全不需要做任何事情。純粹讓心保持「如是」的狀態，不去做任何事情，這種作法完全違背我們平常的習慣。我們平常的習性是去想：「我想要做這個、我想要做那個。」然後，我們身體力行。最後，當完成這些事情，一切都很美好時，我們感到快樂滿足。但是在這種修行的背景脈絡之中，這種態度完全是錯誤的。我們沒有什麼事情要做，不必去建構沒有形成的事物。我們嘗試去做的任何事情，都會變成一種模仿，變成概念和念頭所造作出來的事物。

事實上，如果讓自己的本初自性保持本然的狀態，我們可能會感到非常不滿足、非常失望。我們可能寧願做一些事情，或想像一些事情，或創造一些事情，讓自己經歷許多艱難。或許這是佛陀沒有公開教授大圓滿和大手印的原因，因為在某些方面，這種「無為」（not-doing）違反人性。

我們的心受到過去、現在、未來三世的控制，但是佛性卻離於三世，覺醒的了知離於三世。三世牽涉了執著和思惟；覺醒的了知離於執著和念頭。

佛陀了解不同的眾生具有各種不同的根器，因此出於大悲和善巧方便，他給予適合不同眾生的教法。雖然「純粹安住於對自性的認識之中」是所有證悟者的教法精髓，但是佛陀卻傳授許多錯綜複雜的教導，以滿足各種不同層次的眾生。佛陀教法之所以有九乘的另一個原因在於，人們無法避免打擾，喜愛複雜的事物，想要囤積大量的物品，似乎是人性。當然在後來，他們必須再讓一切崩解。

因此，我再重複一次：為了讓每一個人快樂，佛陀和偉大的大師們教導九乘。教法的多樣化不會改變這個事實：佛法的精髓是佛性，是非常單純而容易的。事實上，它是那麼的單純而容易，以至於我們有時候難以相信！

如果真心地修持，到了某個時候，我們將會發現所謂的「奠定本然狀態」（establishing the natural state），當你體驗到這個狀態時，就不會再感覺那麼困難。

我們了解到，這個被稱為「佛性」，也就是我們心性的不可思議事物，不是遙不可及的。由於它不是非常複雜，我們只要定期維持即可。當能夠完全輕易地認識自己的本然面貌時，你就已經「奠定了本然狀態」。

給予這個直指教導的一般傳統說道，我們必須按部就班。首先，我們必須完成「轉心四思惟」的修持；接著，要從事四次十萬遍的前行法；之後是本尊、咒語和三摩地的內本尊修行。事實上，即使我們已經領受了心性的教法，這些修行法門仍然是必要的。不要以為突然之間，證悟者所教導的一切修行法門都變得不重要了，它完全不是那樣。

由於領受這個教法的機會不是那麼容易或常有的，因此我覺得我應該把嘴巴閉起來，開始傳法。請記住，我們可以輕易從各種上師那裡領受其他重要的教法，因此你們不應該忽視它們。請精進修行，說真的，諸佛與眾生之間的差異即在於精進。

我之所以傳授這個教法，是因為我非常喜歡說話，我就是忍不住，必須把它全部說出來！當年輕時，我花很多時間跟叔叔祖古桑天．嘉措在一起，他也是我的根本上師，我聆聽他傳授的任何教導。他常常給予直指教導，以及如何以最簡單的方式來真正地禪修的忠告。在傳法之後，或許會有一些未真正了解他傳法內容的人在他的房間外面。他們會說：「它怎麼可能那麼容易？」我會說：「你們為什麼認為它必定是困難的？它真的是那麼地容易。」接著他們會說：「但是我不懂。」然後我回答：「你是什麼意思，你不懂？你只要那樣就好了！」我之所以有那種態度，是因為聽過叔叔那麼說，所以我依樣畫葫蘆。有時，叔叔會把我叫進房間，對我說：「你似乎很健談，而且也是那種認為它容易得不得了的人。你對那完全沒有問題，簡直就是那種類型的人。我想將來你也會是這個樣子，既會是一個健談的人，也會是一個表現出它真的很簡單的人！」他說對了。

在一方面，我或許是在愚弄大家，把它弄得太過簡單。但是在另一方面，它真的就是這樣子！它是真的。當你能夠讓佛之三身自然展現時，你坐在那裡強迫掙扎有什麼用處？為什麼我們必須費勁地把自己扭曲成一個不舒服的姿勢，直挺挺地禪修，希望在經過那麼多的困難之後，將來會證得佛之三身？你不需要經歷那樣的困難和緊張，現在唯一需要做的是完完全全地放下，認識你的自性。

因為人是不同的，所以我們需要不同層次的教法，需要完全適合自己的教法。解脫有四種：透過聽聞而解脫；透過憶念而解脫；透過了解而解脫等等。我所說的一切或許不會白白浪費，或許有人會了解我所說的內容，或許有人將憶念這個教法，獲得解脫。

如果我們真的修持今天在此所傳授的教法，終究有可能會認識自在的空覺自性。直指教導如實地指出當下的覺醒，它不是在未來的某件事物，也不是在過去的某件事物，而是在此時此刻的當下。你不必接受它或排斥它，不要對它做任何事情：不接納、不避免，不懷抱希望或恐懼，不試著去改變、修改或改善它。那完全沒有必要。

就修持這個法門而言，有三個步驟：認識心性，發展這種認識的強度，以及獲得穩定性。其中最重要的是去認識心性。在這個世界上，有什麼比三身更殊勝、更深奧？事實上，如果我們能夠認識這甚深的三身就存在於自己之中，即是第一個步驟。

它如同認識一朵花的種子，或許非常小，如同這裡這朵花的種子原本的樣子。它看起來不起眼，因為我們沒有看見在認識心性的剎那所完全展現的證悟功德。然而，我們需要去認識這個種子是一朵花的種子。現在，我們或許沒有看見花朵綻放的顏色是亮黃色、紅色或白色，但是藉由播下這顆種子，一朵花的可能性就會變成真實。我們灌溉施肥土壤，培植幼苗，如果這麼做，它肯定會發芽，長出小葉子，將來會越長越大，會發展出雄蕊和花苞，最後將會有一朵盛開的花。如果我們提供正確的環境，這一切都是無可避免的。

認識心性也是如此，我們不會在第一次認識心性之後，就突然完全證悟。相反地，從我們第一次認識心性，一直到獲得完全的穩定性這段期間，即是修道。佛陀所有的不同教法都有各自定義道次第的方法，但是它們全都把「發展認識佛性的強度」包含在道次第之內。

我們需要讓這種認識增長，它如同一個新生兒，我們不能期望昨天出生的嬰兒，今天就長大成為一個成熟的男人或女人，嬰兒需要漸進地成長。同樣地，我們需要去增長對佛性的認識，而修持則是唯一的途徑。請修持這個法門，因為它是我們能夠覺醒，達到正等正覺的方式。雖然佛教有許多不同的修行法門，但是認識心性卻是佛陀教法的核心和最重要的精髓。為了達到正等正覺，這是我們需要修持的法門。

現在，在認識心性的剎那，煩惱、無明和妄念會立即消失。此時，我們的修持即在於保持不散亂，因為正是這種不散亂一路帶領我們達到正等正覺。不散亂不代表刻意保持不散亂，否則這就像用「切勿使心散亂」這個念頭來取代一般的念頭，我們只要不忘記就可以了。在忘記的那一刻——我們確實會忘記——修行和所有其他的事情都會被忘記，因為我們的注意力分散了。此處的重點在於，不要用一種概念的方式去保持不散亂。我們只要讓自在的空覺狀態繼續下去即可，而這種空覺狀態本身，即是不散亂的。這是我們的修持。

請試著去想像這充滿明覺的空覺剎那，從開始不間斷地持續一整個小時是什麼樣子。認識空覺的第一個剎那，就已經具有遍知的潛力，就已經具有保護和幫助其他眾生的慈悲潛力，以及為了一切眾生的福祉而開展事業的潛在能力。所有這些功德都已經存在，卻尚未完全展現。認識空覺的時間維持得越長，這些功德就變得越明顯可見，它不是只在後來我們完全了證時才顯現。當太陽在早晨升起時，我們一定要等到太陽開始照耀，它才會溫暖燦亮嗎？雖然中午的太陽可能會比黎明的太陽更加熾熱，但是它所有的品質在升起的第一刻就已經具備，只是它們尚未完全展現而已。這個修持也是如此，獲得穩定性是這個修持的要點。

請了解，自生的覺醒本來就具有所有圓滿的功德，證悟的功德不是一種虛構物或一種產物，它們不是一種新成就，或一種前所未有的新發現，或我們達成的某件事物。它們從一開始就已經存在，就如同在天空照耀的太陽的不變燦亮。太陽可能會被雲朵遮蔽，但是這些雲朵不是天空原本就有的，它們一直是短暫無常的。短暫出現的念頭和執著，阻礙我們完全了證內在自生覺醒的自性，由於這些念頭和執著是短暫的，因此它們可以被清除。了解這一點非常重要。

第四章

存在與不存在

如果你相信有一種東西稱為「心」，那麼它只是一種念頭；
如果你相信沒有一種東西稱為「心」，
那麼它只是另外一種念頭。
你的本然狀態，離於任何種類的念頭，那即是佛性。

不論你從事什麼修行，請把三善法（three excellences）包含在你的修行之中。第一善法是前善（excellent preparation，善前行）——「發菩提心」。生起「我將為了一切有情眾生而達到正等正覺」這樣的念頭，即是菩薩的決心，生起那樣的發心，是展開個人修行的一流方式。

第一善法——發菩提心

對所有的佛教修行者而言，這前善是不可或缺的，因為我們全都曾經擁有許多生世，而不是只有今生。正等正覺者的淨觀看見，我們已經經歷無數世，在這些過去世的每一世之中，都有一個父親和一個母親。我們曾經有過那麼多世，因此每個有情眾生無一例外地都曾經是我們的父親和母親。因此，我們和所有其他眾生都有關連，而僅僅希望自己獲得解脫和證悟，未免太過有限。如果我們用這樣的方式達到證悟，就表示拋棄了自己所有的雙親。

請了解，一切有情眾生——我們所有的父母，都想要獲得快樂。不幸的是，因為他們的惡業，他們只創造了進一步痛苦的因。請用心牢記這一點，並且思量我們所有的雙親，都盲目而永無止境地在充滿痛苦的輪迴狀態中流轉。當我們真的用心記住這一點時，就會出於慈悲，生起為了真正幫助一切眾生而達到證悟的發心。這種慈悲的態度是不可或缺的前行。

「前善」也包括皈依。我們真的有幫助其他眾生的能力嗎？我們具有幫助其他眾生的力量、智慧和無量悲心嗎？目前我們沒有。有誰擁有呢？只有完全覺醒的佛陀，以及如何獲得證悟的清淨教法，才擁有保護他人的力量。除了佛陀和教法兩者之外，還有護持這些教法成為不間斷傳承的人。這佛、法、僧三者，是未證悟之眾生唯一真實的保護與救度。

從現在開始直到我們獲得正等正覺之前，我們應該把佛、法、僧三寶當作自己的庇護、皈依和護衛。三寶體現了一個可靠、真正的保護來源。從現在開始直到我們真正能夠利益他人之前，把自己交託給三寶，信任三寶，這就是所謂的「皈依」。皈依和菩提心是「前善」，在本質上，皈依體現了所有小乘的教法，而所有大乘的教法則都包含在生起菩提心之內。

第二善法——超越概念的善正行

三善法的第二善法是「超越概念的善正行」（excellent main part beyond concepts，或

「超越概念的中善」）。這部分具有兩個面向：生起次第和圓滿次第。這「超越專注於概念的善正行」是「金剛乘」的同義詞，也就是「密咒金剛乘」的同義詞。

我們通常把生起次第了解為觀想佛土和天宮等所依物（support），以及觀想在佛土和天宮內的能依物——本尊的身相。宮殿和本尊被視為清淨的世界和清淨的眾生，我們可能會認為這是自己想像的產物，但是事實上，它是一切事物之本初狀態的複製品。它是一切事物原本的面貌，也稱為「顯現根基之大壇城」（the great mandala of the manifest ground）。因此在究竟上，觀想不是把某件事物想像成不是它自己的那個樣子，而是認為它就是那個樣子。觀想是認識事物原本的樣貌，這是金剛乘的根本原則，而生起次第和圓滿次第都包含了這項原則。

生起次第不是把一塊木頭想像成為黃金，不論你花多久的時間把木頭想像成黃金，它永遠不會變成黃金。相反地，生起次第有如把黃金視為黃金，認識或看見事物真實的面貌，這即是修持本尊、咒語和三摩地的意義。本尊的身、語、意包含在金剛乘修行的三個面向之內，即生起、持咒和圓滿。

所有的顯相都是本尊的壇城，所有的音聲都是咒語的壇城，所有的念頭都是證悟心的壇城。所有顯現的、存在的事物的本質（這整個世界和世界內一切眾生的本質）都是「顯現根基之大壇城」，也就是我們的本初狀態。這三種壇城展現為我們的根基，儀軌的修持是以「從這個根基顯現」為基礎，及以一些非常重要的原則為基礎。這些原則是：密續被包含在表達陳述之內，表達陳述被包含在口語教導之內，口語教導被包含在儀軌本身的應用之內。

讓我換一個方法來說明這個重點。在金剛乘之內，儀軌是一種行為，這種行為顯現原本以本尊、咒語、三摩地等三壇城之形式所呈現的事物。當我們修持儀軌時，不是把某件假造的事物加諸在事物的本然狀態之上。相反地，修持儀軌是認識我們的本初狀態的一個方式。在這種本初狀態之中，本尊是一切色相的本質，咒語是一切音聲的本質，三摩地是心的本質，這是生起次第的基本原則。經典（sutra）和密續（tantra）的教法之間的深度差異在於教法有多麼接近本初狀態，金剛乘的教法最接近、最直接。

心是老闆

我們為什麼要修持生起次第和圓滿次第？藉由本尊、咒語和三摩地，甚深的生起次第能夠讓我們在一世之內即身證悟。圓滿次第是指本尊，即我們本初覺醒的佛性。它的本質展現為「身」，它的本性散放為「語」，它的能力遍在為「意」。

如先前所述，我們本初的覺醒本質其本身包含了一切諸佛覺醒狀態的三個面向——金剛身、金剛語和金剛意。這「三金剛」的修持原本就被包含在甚深的三摩地狀態之內，而這甚深的三摩地狀態即是我們的自性。這是超越概念的善正行的起點或來源。

本尊、咒語和三摩地是證悟身、證悟語和證悟意。金剛身是指不變之功德，即本尊本身；不息之功德即咒語本身；而無謬、無妄之功德即本尊之心意本身。我們的佛性具足這三金剛，它們也稱為「法身」、「報身」和「化身」。

這些甚深的金剛乘法門——修持儀軌、觀修本尊、持誦本尊的咒語和修持三摩地，被稱為「一條迅捷的道路」，而心性則是這條道路的本質。但是，這裡這個住在山坡上的老人不想再浪費你的時間，你們全都不辭麻煩地來到這裡聽我說話，現在我要告訴你們幾件事情。

我將再重複說一次的是正等正覺佛是經久不衰的無謬金剛語，它能夠使我們在一世內獲致正等正覺。如我之前所說的，這個教法已經透過偉大上師們的不間斷傳承，一路往下傳給我的根本上師。我的雙耳非常幸運地領受這個教法，我自己則沒有什麼特殊之處。雖然我的嘴巴可能吐出善妙的話語，但是請了解，我只不過是在重複自己曾經有幸領受的教法。

如果沒有老師，我們非常難以學習或受教。你們已經上學那麼多年，可能都非常清楚這一點，我們所受過的教育，是能夠受用一輩子的事物。即便如此，所受的這些教育仍然沒有讓我們更接近正等正覺的狀態，連接近一寸也沒有。我們在學校努力多年，終究沒有真正的利益。

你們全都具有聰明才智，我想你們可以了解我為什麼說這些話。不論我們今生做了什麼，當要離開這個世界時，我們蒐集的所有資訊，以及所累積的一切知識，還有努力工作從商所創造的財富，都是徒勞無益的，不會為我們帶來絲毫的幫助。我說得容易，因為我完全沒有受過教育！因此，我可以面帶笑容地高談闊論。請大家不要動怒。

我想要說的是，我們可能極端富裕，獲得巨利，可以購買最昂貴的衣物，或成為家喻戶曉的名人，這是相當可能的。我們可以極為熱衷地追求這些世俗的成就，並且認為在上半輩子有足夠的時間享受這一切。然而，在下半輩子，我們變得衰老年邁，人生的樂趣減少了，這是我的經驗談。我們開始感覺站起來有困難，行動不便。你比較常生病，開始有不同的病痛，在你面前的只有更嚴重的疾病和最後的死亡。所有這些災難都排在面前，我們將一個接一個地與它們相見。我們現在不清楚自己死後的狀況，因為無法看見來生，甚至無法看見今生之後是否有任何事物。當我們往下注視地面，沒有看見任何下三道；當我們往上看著天空，沒有看見任何天道或佛土。我們現在所擁有的這雙眼睛看不了那麼多。

我確定你們明白這一點。你們已經領受了大量的教法，也可能已經思考這些教法。這個老人沒有理由要繼續講這個主題。我的家鄉有一句俗語：「求最近的忠告，取最近的水。」

請思量這一點：現在你們有一個身體、一個聲音和一個心，對不對？在這三者之中，心最重要。你的身體和聲音是心的僕人，這不是真的嗎？心是老闆。在此，我要再多談談「心」。地、水、火、風、空等五大物質元素不會有所覺知；相反地，「心」是指能夠體驗、能夠覺知者。眼、耳、鼻、舌、身等五種感官不會覺知和體驗，一具屍體具有五種感官，但是屍體無法覺知，因為它沒有心，「屍體」一詞即是指心已經離開。我們說眼睛看、耳朵聽、舌頭嚐、鼻子聞等等，而只有當有一個心透過感官來體驗，這才可能發生。當意識、心或靈魂離開身體的那一刻，五種感官仍然在那裡，但是沒有任何體驗會透過它們而產生。

非有，非非有

心曉得快樂和痛苦，在這個世界上所有不同的事物之中，只有心能體驗和覺知，沒有其他事物能夠體驗與覺知。所以，心是所有狀態的根本——所有輪迴狀態和涅槃狀態的根本，如果沒有心，這個世界上就沒有會感覺或會覺知的事物。如果在這個世界上沒有會感覺、會覺知的事物，這個世界就會徹底空虛，不是嗎？心是完全空虛的，但是它同時能夠覺知、了知。

根據每個眾生所體驗的痛苦程度，而排列出下三道，正如同上三道也是根據每個眾生所體驗的歡樂程度而被排列出來。一切事物都以那個感覺快樂和痛苦的事物為基礎，而那個事物即是心。換句話說，心是一切事物的基礎或根本。

心是空虛的，但是在空虛的同時，它仍然有所了知或體驗。虛空是空虛的，而且一無所知，這是虛空與心之間的差異。心類似虛空，不具實體，不是有形的物質。這個心不具實體，卻能夠有所體驗，不是相當不可思議嗎？

有心，但它不是有形或具實體的。你不能說沒有心，因為心是一切事物的基礎，是心體驗每一件可能的事物。你無法真正地說有一個東西稱為「心」，但是在此同時，你也不能說沒有心。它超越存在和不存在的兩個極端，所以說：「非有，佛亦不見；非非有，輪涅之基」（〔心〕不存在，因為連佛都沒有看見它；〔心〕不是不存在，因為它是輪迴與涅槃的基礎）。

如果沒有心，我們就會是一具屍體。你們不是屍體，不是嗎？但是你能夠說有個你可以看見、聽見、聞到、品嚐到或抓到的心嗎？老實說，你可以像這樣繼續尋找、檢查心十億年，將永遠無法找到存在或不存在的心。心真的超越「存在」和「不存在」兩個極端。

心於存在與不存在兩者之間無有牴觸，即心超越存在與不存在之間的牴觸，是中觀的原則。我們不需要去想有個具體的心或沒有一個具體的心，心本身即是本然之「真如」（thatness），代表它是空虛與覺察非造作之雙運。佛陀稱這種非造作的雙運為「空性」（emptiness；梵shunyata）。在梵語中，「shunye」意指空虛，而我們應該把「shunyata」的「-ta」和「emptiness」的「-ness」了解為「能夠覺察」。如此，心就是空虛的覺察，本然真如是指它本來的面貌。我們的自性就像那樣，我們只要認識那個事實即可，不要用任何想法來渲染它。

如果你相信有一種東西稱為「心」，那麼它只是一種念頭；如果你相信沒有一種東西稱為「心」，那麼它只是另外一種念頭。你的本然狀態，離於任何種類的念頭，那即是佛性。在一般的有情眾生之中，這種本然狀態被思惟帶著走，陷入念頭之中。忙碌於思惟，就如同一條把你往下拉的沈重鐵鏈。現在是脫離那條鎖鏈的時候，在粉碎那條思惟的鐵鏈的那一刻，你就脫離了輪迴的三界。

在這整個世界上，沒有什麼比知道如何切斷這條鐵鏈更殊勝、珍貴。即使你掃描這整個世界，或把它一片片地用篩網篩過，企圖去尋找更殊勝、珍貴的事物，那麼你會一無所獲。過去、現在、未來三世的一切諸佛，都沒有發現一個更甚深或更直接能告訴我們如何獲得證悟的教導。請求關於心性的教法，就表示去了解如何認識心性。我非常多話，我會試著長話短說。

在傳統上，如果要領受如何了悟心性的教法，我們首先要從事「四次十萬遍」的前行法。繼此之後，要從事本尊的修持，留在閉關之中，完成固定數量的持咒。在完成這一切之後，上師才會傳授這個教法。但是今日我們活在不同的時代，人們如此忙碌，沒有時間坐下來完成這所有的修持。我們稱之為物質發展的進展，但是它不是只讓我們更加忙碌嗎？這樣是很難去尋找學生，而且如果一個佛教上師必須四處尋找學生，那就會有點尷尬。事實上，我們所有的人今天能夠聚在一起，是一個非常幸運的順緣，因為人們能夠有足夠的時間像這樣聚在一起，是非常難得的。

我的根本上師曾經告訴我，不同的時代來臨了。他說：「如果你碰巧在一群人前面，他們詢問並想要聽聞關於心性的種種，你就對他們解釋。如果他們的業已經成熟，就會了解你所說的內容；如果不了解，也會因此而受益。利益眾生本是佛陀教法的目的，對人們談心性是沒有關係的。」

如我稍早所說的，當我年輕時，常常試著那麼做，就如同某個人指出日出那樣。人們常常望向西方，看到陽光已經照到山頂上，那是他們知道太陽已經升起的方式。但是事實上，他們要做的是轉過身來，看太陽從東方升起。當某個人告訴他們這麼做時，他們轉過身來說：「喔，是呀，太陽正從東方升起！」那一直是我傳法的方式，現在我也將繼續如此傳法。

心性和思惟

你們已經聽到，我們的心事實上是空虛的，這表示心不是一件具體的事物，在此同時，心也能夠覺知、了解和體驗。當聽到這個、想到這個時，你能夠相信它嗎？它清楚嗎？你能夠決定嗎？

我們的心是空虛的，但是它確實會思考。它是空虛的，代表它沒有任何可定義的屬性的實體。然而，心確實會思考。我們是不是總在想著過去、現在和未來？我們是不是那麼忙於思考，以致有一個接著一個的念頭，日日夜夜不息？這不是突然發生的事情。它已經發生很長一段時間，從我們在輪迴中無數的過去世以來都是如此。我們一直在不同的輪迴界中，繞著一個接著一個的念頭團團轉。那是輪迴的本質，如果繼續如此下去，我們將忙於思考一個接著一個的念頭，直到今生結束為止。念頭不會就此打住，在中陰的狀態，我們當然沒有身體，但是因為串習的緣故，我們的心仍然繼續攪拌出一個接著一個的念頭。在新的投生之後，不論它是在下三道、上三道或最深層的地獄，一切事物都只是一個念頭接著另一個念頭。然而，這所有的思惟的本質一直都是佛性，即證悟的本質。

讓我提出一個例子，說明思惟和心性之間的關係。心性如同天空中的太陽，而思惟如同映現在水中的日影。沒有水，太陽就難以映現，不是嗎？在此，水用來比喻所有被覺知的對境，以及被心持有的一切事物。如果你把池塘的水排乾，倒影往哪裡去？它會從水裡跑出來嗎？它會懸在半空中嗎？人們用映現於池塘的日影，來象徵心持有的主體和客體、覺知者和被覺知者。沒有天空中的太陽，這個世界會有任何光亮嗎？沒有，當然沒有。但是，一個太陽就能夠照亮整個世界。這唯一的太陽如同心性，而太陽以許多不同的方式來運作：太陽具有溫暖和燦亮，它的熱度使風流動。相較於此，太陽的倒影什麼也不是，它能夠照亮整個世界嗎？它甚至能夠照亮一個池塘嗎？

我們證悟的本質——佛性，如同太陽本身那般展現為本性。日影可以比為我們所有的念頭、計畫、記憶、執著、瞋怒和狹隘的心等等。一個念頭接著一個念頭生起，一個心的活動接著另一個心的活動生起，正如同日影一個接著一個地出現。如果你控制天空中的這一個太陽，就能夠自動地控制它映現在整個世界各個不同池水上的倒影嗎？我們為什麼要把注意力放在所有不同的倒影上？與其永無止境地在輪迴中團團轉，我們何不認識那唯一的太陽。如果你認識自己的心性——佛性，那就足夠了。

我們要了解佛性及其表現之間的差異，佛性的表現即是我們的念頭。念頭以許多不同的型態顯現。有執著（貪）、瞋怒（瞋）和愚痴（痴）；有五十一種心的活動（五十一心所法），有八十種內在的念頭狀態（八十隨念），以及八萬四千種煩惱。不論心以多少不同種類的內容來展現，它們全都只是心性的表現。

八萬四千種煩惱如同太陽在不同池塘所映現的八萬四千種倒影，如果你把太陽放進口袋，你就自動控制了所有八萬四千種倒影。同樣地，在認識自己的本然狀態、佛性、證悟本質的剎那，所有八萬四千種煩惱都在同一剎那間消失。

我們所有的各種不同的念頭，都是過去的、現在的或未來的念頭，因此它們可以被稱為過去的念頭、現在的念頭和未來的念頭。「念頭」這個詞的藏語是「namtok」，「nam」是指五種感官所覺知的相和心的對境，「tokpa」是指針對被覺知的對境所形成的概念。有情眾生不斷忙碌地製造「namtok」，為他們所體驗的事物製造一個接著一個的想法。這種想著自己心的念頭的行為，正是阻礙、障蔽解脫和證悟的事物。

如果我們試圖停止思惟，它只會變得更糟糕，你無法擺脫或丟棄思惟。你能夠擺脫自己的影子嗎？你能夠斬斷心所創造出來的念頭之流嗎？或許引爆一顆核子彈？這能夠阻止心去思惟嗎？核子彈肯定會讓你喪命，但是你的念頭會繼續進入中陰，進入你的來生。在這個世界上，有任何其他的事物能夠讓心停止思惟嗎？

為了停止思惟，你需要去認識自己的心性。它就像你只要看見天空上的太陽一次之後，就會永遠知道太陽是什麼樣子。如果你去追逐太陽一個接著一個的倒影，將永遠無法看見所有可能的倒影，那是永無止境的。天空中的太陽是真正的太陽，沒有太陽，就不會有倒影。太陽映現在水中的倒影，只不過是太陽的仿製品。同樣地，所有的念頭只不過是你的心性的表現或展現，它們不是你的心性本身。如果沒有離於念頭，思惟沒有消失、消融，我們就無法解脫或證悟。有句俗話說：「使用念頭來對治念頭。」同樣地，所有的日影都來自本初而真實的太陽。如果你認識天空中的真正太陽，你就沒有必要為了看見太陽而追逐世界上所有的日影。

你的空覺之心是最重要的事物，它本然的空性是法身，也稱為空虛的本質。你去了知、去覺知的本然能力，即是覺察的本性——報身。這種空虛和覺察原本是一種雙運，「充滿明覺的空覺雙運」這句名言即是指你的自性——你的心性。

非造作的本然

在指出你的自性，以及認識你的心性之後，你看見沒有什麼「東西」可看見，如我一再重複說的：「不見一物，是無上之見地。」我們需要看見這一點。在你觀看的那一刻，你就看見了它，在你看見它的那一刻，你就自在解脫了。

這種「看見」可能不會超越數秒鐘的時間，或許不會超過三彈指的時間。在那短暫的時間過後，我們不是被念頭帶著走，就是變得健忘，這種情況發生在所有凡俗有情眾生身上。從無始以來直到現在，我們一直健忘，持續不斷地被念頭帶著走。

在認識心性的剎那，你就已經看見了心性，沒有遺漏或錯失任何東西。這不是像虛空注視虛空本身，因為虛空不會看見任何東西。當你覺察的心認識它本身時，你會立刻看見沒有什麼「東西」可看見，在同一個剎那，你已經看見心性。在那個剎那，沒有念頭，因為當下的念頭已經自然而然地消失了。

不論你說的是大手印、大圓滿或中觀，認識心性的那一刻，都稱為「平常心」（ordinary mind）。當我們認識心性時，不要做任何事情，不要試著去糾正它或改善它；不要因為希望或恐懼的動機，而用接受此、排斥彼的方式去修改它；不要對它做任何事情。一般人會忙著把當下的念頭概念化，不要把當下的念頭概念化。當下的念頭是指想要或不想要、懷有希望或恐懼，只要切斷與當下念頭之間的連結，不要追隨它，離於過去、現在、未來三世念頭的剎那，即是佛性。

你不必努力不去想當下的念頭，我們需要訓練自己放下所想的念頭，這即是修行。在這個「放下」之中，甚至連一個塵蟎那麼小的東西都不去想像，因此這個「放下」不是一個禪修的動作。在此同時，心連一秒鐘都不要散亂。它如同努力去想像虛空一般，因為在虛空之中，沒有什麼是需要被想像或被觀修的。你想像虛空時，需要去想像任何東西嗎？

當聽到「心不要散亂」這句話時，我們或許會認為自己必須做一些事情來使心避免散亂。人們通常認為，努力去保持不散亂是一種刻意的行為。事實上，如果我們的目的是長時間地保持一種特殊的禪定狀態，那麼它的確是一種刻意的行為。在這個情況下，刻意的行為是必要的，但是我現在沒有要你這麼做。本然空覺的剎那本身不會維持非常久，但是那完全沒有關係。你不必努力去延長那個剎那；相反地，你要重複多次，即

「短時、多次」（short moments, many times），這即是在修持非造作的本然。「非造作的本然」代表在那個狀態期間，你不必去做任何事情。它有如搖鈴，一旦你搖了鈴，就會有連續的聲音，不必去做任何事情，鈴聲就會持續下去。你只要讓那種連續性自行持續，直到聲音逐漸減弱消失為止。

在認識心性的剎那，讓它保持本然如是的狀態。如果你持續敲鈴，那麼鈴聲就會因為敲擊而受到干擾。你只要讓那種認識保持「如是」的狀態，不要去修改它，這即是不喪失它的連續性的方式。很快地，那種認識就會自行消失。身為初學者的我們，心自然會在片刻之後忘記而散亂，但不必費力去阻止它發生或對抗它。一旦我們的心散亂，就再一次地認識心性。這即是修持。

清除障礙、增長修行

每一乘的教法都各有它的目的，即使佛法的核心在於修持和認識心性，但是我們仍然需要清除障礙，增長我們的修行。障礙是阻止我們安住在本然狀態的事物，我們可以藉由特定的修行來清除障礙。我們也要有方法來增進、增長修行，加深自己的覺受。清除障礙和增長修行兩者非常有用處。

外在的障礙與我們的環境有關；內在的障礙與我們的肉身有關；最內的障礙與我們的念頭模式有關。就驅除這些障礙而言，修持前行法以及本尊、咒語、三摩地的內在修行，具有極大的利益。這些障礙是我們惡行的結果，它們障蔽我們的本性，需要被移除。如果我們依止佛、法、僧，以上師、本尊和空行母為依靠，就能夠迅速清除障礙。

至於具有增長效果的修行，舉例來說，對證悟者生起虔敬心，對有情眾生生起悲心，即能夠使我們的修行增長。虔敬心和悲心增強我們對心性的認識，其他的修行法門也可以進一步增長心性。然而，第三世噶瑪巴提出最重要的重點，他說：「在生起慈心的時刻，空性原原本本地顯露。」當我們從內心深處、真心誠意地感受到虔敬心和悲心的時刻，就不再會有任何能夠障蔽我們的事物。我們越修持對一切證悟上師、諸佛和菩薩的虔敬心，對心性的認識就會更為增長、鞏固。同樣地，對一切有情眾生生起慈心與悲心，也將大大增長我們對佛性的了悟。

第三善法——善迴向

讓我們用三善法的最後一善「善迴向」（excellent dedication），來作為這個教法的結行。在研習這些教法之後，請為了一切有情眾生的利益來迴向功德，發出祈願。

第五章

覺受

當過去已經消逝，未來尚未到達時，你當下的覺醒就在那裡。
我們全都擁有這種覺察的品質，否則我們就是一具死屍！
切勿調查這當下的覺醒，切勿對這當下的覺醒製造念頭，
因為這是一種二元執著的行為。

基本而必要的修行不外乎了悟自己的心，只有你的心能夠有所體驗（覺受）；在這個世界上，沒有其他事物能夠有所體驗。外在和內在五大元素構成這個世界和你的身體，但是它們無法體驗任何事物，五種感官也無法體驗。因此，我們需要百分之百地了解這個心。

心性是佛的三身

心在本質上是空虛的，在本性上是覺察的，它不像虛空那樣是一個空白、空虛的狀態。空虛的虛空無法證悟，也不會體驗快樂和痛苦。佛陀曾經說，心如同虛空，但是它不完完全全像虛空一樣。即使我們的心如虛空般空虛，但是我們能夠覺察。了知者需要去認識自己的心，然後我們看見，那裡甚至連髮梢那麼一丁點的東西都沒得看。它如《心經》（*Heart Sutra*）所說：「無色、無受、無想、無行、無識；無眼、無耳、無鼻、無舌、無身、無意。」了無任何實體，即所謂的「法身」。在這整個世界上，有比法身更珍貴的事物嗎？

在看見心性的剎那，沒有什麼「東西」可看。在這個時刻，「沒有什麼東西可看」的這個事實或覺受，真實而明顯。看見「沒有什麼東西可看」的覺察品質，被稱為「覺醒狀態的報身面向」。心不具有任何具體的事物，以及它了知它不具任何實體的能力，這兩者如同水和濕潤、火和暖熱、糖和甜蜜一般是無別的。這空虛與覺察兩個面向的無別雙運，被稱為「化身」。在認識心性的那一刻，你看見法身、報身和化身三者是無別的，而那即是自性身。這是我先前所說的：「不見一物，是無上之見地。」在這個世界上，有什麼比與三身面對面更甚深？認識這個事實，即是一切修行的重點。

每一次，我們認識三身，但不是以概念的方式認識三身，而是與三身面對面，那麼三毒不僅會被推到後面，而且會完全消失。它如同一根頭髮無法停留在火焰之中，或如同黑暗在太陽升起的剎那消散。概念上的思惟是短暫無常的。在徹底清朗的天空，沒有雲朵，暫時的雲朵遮蔽太陽，這個天空是形容我們自性的本初虛空的一個例子，而天空中的太陽則代表本初虛空與覺醒的無別性。在雲朵消失的剎那，無別的虛空和覺醒——三身的本然狀態，就立時顯現。雲朵能夠暫時遮蔽在天空上照耀的太陽，但是陽光總是無別於天空。因此，這陽光照耀的虛空用來比喻無別的本初虛空和本初覺醒。

我們之所以繼續置身於輪迴，是因為我們受到概念思惟的控制。認識心性會消除念頭，在我們認識心性的剎那，念頭就會消失。如果念頭具有實體或是堅實的，那麼我們就無法消除念頭，但是它們僅僅是空虛的活動，本身不具穩定性。如同太陽，法身是我們的心性所本具的；念頭如同法身的光亮，是法身的表現，正如同光芒是太陽的表現一般。記住關於心性的重點：心性是佛之三身。

佛法修行最重要的修持在於認識心性，以及與三身面對面，不只是一次，而且是要完全習慣於心性。每一次我們認識三身，三毒就會消失，三毒在那時完全消融。此外，在我們認識心性和三身的那一刻所完全展現的智慧功德——本初覺醒本具的功德，將開始越來越進一步地開展。

清淨和不淨的現象

現象以清淨和不淨的形式展現。不淨的現象是我們在這個世界上所體驗的事物；當沒有二元分立的執著時，就是清淨的現象。我們要越來越習慣於無別、無礙、無妄的法身，而在法身之中，一切現象的顯現都不具自性。如果你如此精進地修持，最後你將了知具有一切不可思議功德之佛土，本具的智慧功德也將展現。只有充滿迷惑的思惟使我們迷妄，而遠離清淨的覺知。因此，不淨的現象是我們迷妄思惟的展現。不淨的現象（無覺察的覺知）相同於夢的現象，一旦我們從睡眠的迷妄中醒來，它們就消失了。

諸佛之三身——密嚴淨土，以各種不同的證悟功德的展現為莊嚴。此時此刻，它們受到我們不淨覺知的障蔽。然而如同夢境一般，一旦我們從夢中醒來，這些不淨的覺知就不會存在。它們會完全消失，它們終結了。你需要了解這一點。

在認識心性的剎那，即是不淨的覺受、執著一切事物為堅實的串習消散進入本初虛空的剎那，唯一留下的是清淨的覺受——清淨的現象，所有不可思議的偉大證悟功德也從其中開始展現。佛之三身的勝妙觀點是清淨覺受的一個自然結果，真正體驗到這些功德和僅僅想像這些功德是不一樣的。真正「變成」（being）那些功德，不同於你思及本尊、本尊的咒語和善德，這一切仍然是二元分立的念頭的對境。當我們開始習慣沒有不淨的覺受，開始習慣清淨覺受的展現，而且變得越來越穩定時，所有這些本尊的功德和智慧的面向都會開始成為真實。

太陽所有的特質都在其內自然地呈現，它們不需要被製造。只有雲朵遮蔽太陽，一旦雲朵消失，太陽的品質就會閃耀。同樣地，三身的功德呈現為我們的心性，唯有概念的思惟障蔽心性，如同雲朵遮蔽太陽。此處的重點在於認識心性，如果了知心性，我們就會成佛；如果無所了知，我們就會受到概念思惟的控制，輪迴就會如夢境般展開。

認識心性的修持是這樣的：「短時間、重複多次」；除此之外，沒有其他的方法。「短時間」保證了它是真正的心性；「重複多次」確保我們將會習慣於心性。如果我們企圖維持長時間的認識（認識心性），本然的覺受將會因為充滿概念的心之狀態而受到染污。我們已經養成常常沈浸於三毒的惡習，製造了更深的輪迴，只要這心持續向外投射，輪迴就會繼續下去。但是如果修持「短時間非造作的本然」，我們就會達到無暇之法身。

我們不需要去「製造」這個非造作的本然，只要放棄思及三世即可。當過去已經消逝，未來尚未到達時，你當下的覺醒就在那裡。我們全都擁有這種覺察的品質，否則我們就是一具死屍！切勿調查這當下的覺醒，切勿對這當下的覺醒製造念頭，因為這是一種二元執著的行為。沒有這些念頭，我們就離於三世。

這未經修改、未經造作的當下覺醒，即是全然清新的佛性。只要讓你當下的平常心保持本然的狀態，不要接受或排斥任何事情。完全離於希望或恐懼，讓你的覺醒保持如是本然的面貌，於是那裡就只有佛性。在那個時刻，只有佛性而無其他！那是我們所需要的，它現在就在我們手中。在你完全放下，不忙碌於過去、現在或未來三世的那一刻，就只有佛性本身，那即是佛法修行的核心。

親見真正的內在本尊

就面對無別的空覺而言，即面對你的本初自性，不論你從事什麼樣的本尊修持，都包含在「立斷」之見裡。舉例來說，勝樂金剛（Chakrasamvara）❶在本質上是覺察的品質，而金剛亥母（Vajra Varahi）❷則是空虛的品質，這兩者是無別的。直接面對這空覺之無別，即是親見真正的內在本尊。這（親見真正的內在本尊）不同於擁有一個見到來自外在的本尊的淨相（vision），當然，要去體驗後者淨化大量的惡業。在見到本尊的那一刻，你可能會想：「哇！終於看到了！」然後你雙手合十，懷有巨大的恭敬和虔敬，而這能夠淨化惡業。當然，這淨相不會停留，它終會消失，不會永久斬斷二元思惟之流。

相反地，在認識空覺無別的剎那，即認識內在的勝樂金剛和金剛亥母的剎那，二元思惟之流就立時地被徹底中斷。從過去無數世以來持續不斷的所有迷妄串習，都立刻中止。在此同時，所有未來的迷妄也立時中斷。內在的勝樂金剛和金剛瑜伽女（Vajra Yogini，即金剛亥母）是必要而根本的本尊。藉由認識心性而擁有這兩個本尊的淨相，比擁有一個來自我們外在的本尊的淨相更重要、更甚深而有效。

當然，當人們有一個像勝樂金剛這樣的本尊的淨相時，他們感到振奮欣喜，會慶幸地說：「多棒呀！我有一個本尊的淨相。」在快樂和感恩的同時，這淨化了大量的惡業，但是因為看到本尊而感到欣喜，仍然是一種執著，與那種執著相反的是厭離。因此，擁有一個本尊的淨相不會盡除二元分立的思惟。不論是男性或女性的所有本尊，都包含在這空覺之內，這種狀態被形容為「了知一，盡解脫」（knowing one liberates all）。當你了知這一個心性時，所有的心之狀態都能夠獲得解脫。

當你開始一座的修法時，先皈依佛、法、僧三次。接著，懷著以下的願望發起菩提心：「我將為了一切眾生的利益而修行。」然後，你想像自己是佛的身相，想像自己是哪一尊佛並不重要，只要想像最喜歡的佛即可。你要想：「我是這個本尊」，然後念誦這個本尊的咒語。在念誦咒語的同時，你要認識是誰想像這個本尊，是什麼念誦

❶勝樂金剛（Chakrasamvara）是《阿底瑜伽》本尊，為「母續」最高成就的本尊。主要形象為四面十二臂，與之雙運的佛母為金剛亥母。

❷金剛亥母（Vajra Varahi）又稱「金剛瑜伽女」，是眾生本有般若波羅蜜多自性的佛母，有多種傳承與身形。

這咒語。「認識」是指看見「沒有什麼東西可看」。在那個時刻，你不必開始去想出一個「什麼是空性」的哲理。相反地，你要讓它保持本然的面貌，完全不要對那個狀態做任何事情，不要做出任何判斷。在最後，把這修行之善迴向給一切眾生，做為此座的結行。一切都包含在這簡單的修行方法之內。

如果用這種方式來修持，即使你是一個牧牛人，仍然能夠獲得解脫。如果不用這種方式來修持，你或許是一個偉大的學者，卻仍然會置身迷妄之中。當你認識心性時，不要對它做任何事情，讓它保持「如是」的狀態；在你的心散亂的那一刻，提醒自己再度去認識心性。當認識心性時，讓它保持本然的狀態；當忘記心性時，提醒自己再度認識心性。這即是修持的本質。

藉由如此透徹的修持，散亂的念頭會逐漸變得越來越少，無念覺醒的時刻會變得越來越長。當這種無概念的覺醒維持一個小時的時候，你就已經證得阿羅漢的果位；當它維持一整天時，你就已經證得菩薩的果位；當它日日夜夜不間斷時，你就成為一個正等正覺之佛。沒有什麼比這個更殊勝的。

一旦你領受了直指教導，以及認識心性之後，藉由這種修持而獲致證悟就不再是遙不可及，它就掌握在你手中，你可以盡可能時常地提醒自己去認識心性。若如此修持，即使把一整天的時間都花在放牛吃草這樣簡單的事情上，你也能夠獲得解脫。如果你不用這種方式來修持，如果你知曉所有的法語，卻沒有真正體驗其根本的意義，那麼在離開今生的那一刻，你將只會流浪徘徊於迷惑之中。這是不可或缺的重點。

我想要說另外一件事情。佛陀完全覺醒，三世有如握在他的掌中般，清晰可見。佛陀的教法則是以這種無量無邊的明晰為基礎，我們不必去懷疑佛陀的話語是真是假，我不是因為自己是佛教徒才這麼說，而是因為它確實是真的。佛陀的教法不同於一些未證悟者所教導的靈修體系，這些人擁有部分的理解，給予部分的真相，而不是完整的全貌。由於他們本身尚未證悟，不具有這種全然無礙的明晰，因此無法像一個正等正覺佛那般傳授教法。我們要記住這一點，我不是存有偏見，而是我們確實不需要去判斷正等正覺者的話語，他們的話語已經接受徹底的檢查。有任何問題嗎？

問與答

學生：在這個修行之中，我們的心要如何不散亂？

仁波切：當你的心散亂時，最好的對策即是認識心性。在認識心性的剎那，我們沒有看見任何具體的事物。我們有一種立即的了知，知道心的本質是空虛的。我們有一種了知心是空虛的覺察，這種覺察的品質無別於空性本身。在那個時刻，這是一種真實，你不必再做任何事情，只要保持本然的狀態，直到忘記心性，心性消失為止。那不表示我們必須持續不斷地強迫自己去認識心性。認識心性如同你打開房間的一盞燈：按壓一次開關，燈就照亮房間，你不必去做任何事情，那燈光就會持續。另一方面，如果你一直按壓電燈開關，就會把事情搞亂。如果你為了要看見心性而持續說：「我想要看見它，我

想要看見它，我想要看見它」，它就變成一種刻意的、概念上的行為。相反地，你要讓它像電燈照亮房間那樣保持原本的樣子，在那時，不必使用其他的技巧，這稱為「無技巧之本然」（naturalness without technique）。我們不必努力去保持心性，我們看見心性，卻不執著於心性。

心是空虛的，我們不必把它變得空虛。它不是說在此時有什麼東西遺漏在心裡面，或有什麼尚未完成，而要把心變得空虛。我們通常把「空虛」的意義理解為「空無一物」。如果你進入一個空房間，房間裡面空無一物。心就像那個空房間，事實上，它不是色、聲、香、味、觸的對境。在認識心性的剎那，我們立即看見心性是空虛的。「在注視心的剎那看見心性，在看見心性的剎那解脫自在。」

不要執著於「心是空虛的」這個見解，執著於「現在它是空虛的，現在它是空虛的」想法，是我們記在心中的一種概念上的造作，那不是必要的。在認識心性的剎那，你看見心是空虛的，在那時就讓它保持本然如是的狀態，不要運用任何技巧，那是無技巧的本然。那將會維持很短一段時間，然後你的注意力將會分散，而且在某個時候，將會注意到自己的注意力偏離了。我們的心不是完全超越我們的——當我們的心散亂時，我們會知道，只要認識是什麼散亂了即可。同樣地，在這麼做的那一刻，你看見「沒有什麼東西可看」；在看見沒有東西可看時，它就離於念頭。再一次地，讓它保持非造作的本然一小段時間。一切有情眾生的心已經是空虛的，它不是我們必須去創造的事物。

當念頭移動時，純粹去認識那個思惟者，然後思惟就會消融。不論那是什麼樣的念頭，思惟和思惟者都是空虛的。念頭本身不是由任何具體的物質所構成，它純粹只是一個空虛念頭的活動。藉由認識念頭的空性，念頭就會如水中的泡泡般消失無蹤，這是處理當下的念頭的方式。一旦你知道如何讓當下的念頭消融，就能夠用相同的方式來處理後繼的念頭，因為那後繼的念頭只是另一個當下的念頭。但是如果我們陷入念頭之中，去想念頭的內容，並且繼續下去，那就會沒完沒了。

我們的思惟推著自己進入更深的輪迴，或迫使自己進入更深的輪迴。只要我們陷入自己的思惟之中，輪迴就不會停止。另一方面，任何念頭都是空虛的念頭，不具有任何實體。我們很容易就注意到這一點，因為在你認識心性的那一刻，念頭就立時消融。念頭消失進入你的空性之中，進入你的本初自性之中，這本初自性即是空性，沒有留下任何東西，這是解決問題的唯一方式。當你認識心性的那一刻，念頭就地被處決，完全被盡除了。

當我們讓自己的心透過五種感官而向外時，我們就創造了輪迴。我們透過眼睛或耳朵、鼻子而把焦點放在一個對境之上，並對這個對境產生念頭和情緒。它看起來好像我們透過不同的感官而擁有不同的識，但事實上，那是一個心透過不同的感官，而交替地執取於對境。對此，我們可以舉出一個傳統的例子：在一間有著五扇窗戶的空房間裡，一隻猴子坐立難安地跳來跳去，從一個窗戶到另一個窗戶地向外觀看。外面的觀察者可能會認為房間裡面有很多隻猴子，但事實上只有一隻。如果你抓住那隻猴子，把牠綁起來，牠就不會再跳來跳去。換句話說，消融念頭即是捕捉猴子的方式。

另一個例子是，在一間房子中央有一座壁爐，煙從所有的開口向外冒出。如果你把一桶水倒進中央，火焰熄滅的同時，朝各個方向冒竄的煙也消失了。「煙」是心性表現的一個例子，而念頭則是法身表現的例子。念頭不是法身本身，卻是我們的本初自性的一種表現。正如同我們的本初自性一般，這種表現不具有任何實體。

只認識二元分立的心，從來都不是根本而重要的教法。只認識二元分立的心是一切有情眾生時時刻刻都在做的事情——注意自己的感受和念頭，然後採取行動。禪修的教導在於，不要讓這種情況持續下去，而且不只是要認識二元分立的心和思惟；相反地，禪修的教導是去認識這心的心性，這是一個重要的差異。陷入念頭之中，針對這些感受採取行動，是無盡輪迴之因。這即是陷入心性的表現，而不知道心性本身。

你可能已經聽過噶舉傳承金剛持們所說的這句名言：「本具的心性是法身，本具的覺受是法身的光輝。」覺受和念頭不是法身本身，如同從火焰產生出來的煙不是火焰本身，而是火焰的表現或展現。當把全副精神放在煙上面時，你忘記了火焰本身。此處的修行原則在於，不要全神貫注於煙，也就是說，我們要認識心性，而不要把注意力放在心性的表現上。我們要認識，這種表現不是來自任何其他的處所，而是來自心性本身。

當忙著思惟時，我們把焦點放在謬誤不實的事物之上。然而，真實無別的三身已經任運地展現為我們的自性。其中的抉擇純粹在於是否認識心性，認識心性即涅槃，不認識心性即輪迴。如果你們沒有認識心性，就會再度墮入輪迴的下三道；而認識自生的覺醒，即是涅槃的本質。在認識心性的剎那，沒有什麼是隱藏的，你的自性赤裸裸地攤在那裡。

「不認識心性即輪迴」這句話的意義是，在你把心和某個覺受的對境連結在一起的剎那，你立即的反應是三毒的其中一毒。你不是喜歡某件事物，就是不喜歡它，或者對它漠不關心。當人們陷入這三種情緒時，他們可能仍然聲稱：「我沒有製造惡業。」但是除了三毒之外，怎麼可能還有其他的惡業？正是三毒製造了輪迴三界：執著（貪）創造了欲界；瞋怒（瞋）創造了色界；漠不關心（痴）創造了無色界。如果沒有認識自己的自性，陷入三毒之中，這只會讓輪迴三界持續下去，這是無可避免的。

如果你認識心性，你立刻就面對三身。它是那麼地簡單，簡單到不可思議的程度。你不可能錯過心性，事實上，問題就在於它太容易了！心性與我們太接近了！一些偉大的上師曾經說，錯就錯在它太單純了，而不是錯在它太複雜。人們不信任心性。他們想：「這只是我當下的覺醒狀態，這有什麼用處？它不是非常的特別。我要一些令人感到驚奇的東西，我要完全不同的東西，遠比這當下的覺醒狀態更殊勝的東西，有著不可思議的光輝的東西。」於是他們忽視心當下的本然狀態，希望一些非比尋常的事物會從天而降。他們是對的：這當下的覺醒狀態不是那麼的特別。但是他們坐在那裡，懷抱那樣的希望，他們就背對了本具的三身。另一方面，如果你認識自己的心，那麼在看見心性的剎那，你就有了自在，那時你就從當下的念頭中解脫，這本身即是涅槃的本質。然而，如果我們忽視那個事實，追逐其他的事物——追逐我們相信勝過當下心性的某種變樣的狀態，那要找到佛心可就非常困難了。

現在，輪迴與涅槃之間的差異在於是否認識心性，我們應該清楚明白這一點。在你認識心性的剎那，當下的念頭消失，了無痕跡，你所有的是本具的三身。這不是說我們需要去創造三身或贏得三身，你是在認識已經在那裡的東西。另一方面，如果你全神貫注於念頭之上，輪迴就會永無止境。在思惟的剎那，認識思惟者本身，念頭就會消融。那是那麼地容易！

認識心性不是問題所在，任何被教導去認識心性的人，將會看見心性「不是一個東西」，他們便能夠認出心性，我們從無數世所累積的串習才是癥結所在。只因為我們認識心性一次，不代表那種認識就會保持在那裡，其中沒有穩定性，它只會再度消失。我們有老是執著於對境的惡習或負面的模式，因此從一世接著一世以來，以及在一世與一世之間的中陰，一直都在強化這樣的習慣——把我們的眼光遠離心性，而一再地重新製造輪迴。因此，每當你再度陷入念頭之中，只要認識心性，念頭就會消失。

我們向外思考，只把焦點放在外在對境之上的習慣，日日夜夜、生生世世地推動我們，也在一世與一世之間的中陰狀態推動我們。我們在夢中也有這樣的習慣：在夢中，我們的身體跑來跑去，做一些事情，即使那不是一個真實的身體，而是一個由串習所創造出來的身體。在夢中，我們體驗得與失、敵與友，以及各種不同型態的歡樂、痛苦等等。但是在我們醒來的那一刻，所有這些本體都到哪裡去了？它們消失無蹤，無處可尋。夢的狀態是由我們自己的念頭創造出來的，同樣地，在清醒的狀態，這些相同的念頭創造這整齣人生戲碼。在中陰狀態，沒有肉身，但是因為習慣，我們仍然相信自己有一個具有五種感官的肉身。當然在中陰，我們沒有一個真實的身體；這肉身肯定沒有經歷中陰，它也沒有進入地獄道、佛土等等。我們目前的身體如同旅館一般，只是一個暫時的居所。

現在居住在這個旅館的人是「心」，「心」這個人將會體驗各種不同的業果，而不是身體。這個身體不會感受到任何事情，因為一旦它死亡，它就消失了，不留一物。但是心卻持續在這些模式之中，它將繼續有所體驗，然而，所有這些體驗都不比你昨天晚上所做的夢真實。正是如夢般的思惟繼續體驗地獄道，它只是更多的思惟，中陰也只是更多的思惟。當我們在中陰的盡頭進入一個新的身體時，它又是更多的思惟，一日復一日，一生復一生。

除非我們現在藉由消融念頭而把這種思惟終結，否則輪迴不會自行結束。輪迴將會永無止境，從無始以來一直到現在都是如此。而這一路以來，證悟的心性、完全覺醒的狀態一直與我們同在；它從未與我們分離，甚至連一剎那也沒有。在你認識自性的那一刻，便與三身面對面，我們的佛性所本具的三身從未喪失。

佛陀看見一切有情眾生都在做夢：他們夢見輪迴六道，夢見四生❸，夢見所有的喜悅和悲傷。當達到菩薩地（bodhisattva bhumis）❹時，我們正要從夢中醒來，只有正等

❸「四生」即指胎生、卵生、濕生、化生。

❹「菩薩地」是依菩薩證悟的層次所分的境界，共有十地，分別是：極喜地、離垢地、發光地、焰慧地、難勝地、現前地、遠行地、不動地、善慧地、法雲地。

正覺的佛陀才是完全覺醒的。諸佛看見眾生是無明的，睡眠只是無明的一種輔助物，真正的愚痴是不知道自己的明覺智慧。佛教的修學首先都關乎認識這本初自性，然後增強這種認識，最後獲得完全的穩定性。這是從這種夢的狀態中醒來的唯一途徑。

我們需要消除這迷妄的思惟，然而在這個世界上，沒有一個具體的事物能夠辦到這一點。唯一的辦法是去認識思惟者不具實體，並且體驗無別的三身。沒有藥物能夠完全根除迷妄的思惟，甚至連最強的麻醉藥都不行，它只能使迷妄的思惟暫停，但在麻醉藥消退的那一刻，思惟再度展開。藥物也阻擋了本初覺醒的證悟功德——智慧功德，在藥物的影響之下，我們沒有看見如是本性的智慧，也沒有看見所有存在事物的功德。我們完全受到愚痴的障蔽，讓自己變得昏睡、無所知覺，這不是解決之道。具有永久藥效的麻醉藥肯定能夠清除所有歡樂、痛苦和無記（漠不關心）的造作狀態，但是我們沒有這種麻醉藥。每一種藥物都只有暫時的藥效，很快就會消退。

我們要用心本初之無礙功德來認識心性，而不要使心暫停。一部名為《甘露汪洋》（*Ocean of Amrita*；藏*Ngakso*）的經典說道：「藉由授予你普賢如來之無礙灌頂，而與普賢佛母之無生功德緊密結合在一起。」換句話說，藉由授予這男女雙運的灌頂，代表空性無別之覺受——「願你的覺知者和被覺知者」（你對二元分立的執著），「融攝入本初虛空之中」。那即是必要的。

「本初覺醒」代表不執著於主體與客體、覺知者與被覺知者，而尋常心不是這個樣子。尋常心總是有覺知者與被覺知者的二元分立，如果沒有覺知者與被覺知者的二元分立，普通的念頭就會無法存活而消失。「單一的法身領域」這句話純粹是指這本初覺醒，它被稱為「單一」或「唯一」，意指它不是二元分立的，因此一般思惟的心是二元分立的，從未被稱為「單一」。如果這種對二元分立的執著不是從內消融，主體與客體、覺知者與被覺知者就會永遠繼續下去。另一句名言說道：「只要二元沒有變成唯一，就沒有證悟。」當我們認識心性時，這種二元分立就融攝成為「唯一」。

心性是「yeshe」——本初覺醒，其本身離於覺知者與被覺知者的二元分立。有情眾生的尋常心稱為「namshey」，「nam」是指感官的對境，「shey」則是對這些對境所形成的概念。「yeshe」是諸佛的覺醒心——涅槃的面向；而「namshey」則是有情眾生的迷妄心。「yeshe」是指認識心性，「namshey」則是指覺醒透過五種感官之門延伸出去，緊緊抓著五種感官的對境不放。有問題嗎？

學生：你可不可以再稍微解釋我們在夢中和中陰狀態的覺受？

仁波切：在中陰狀態，你相信自己具有可以看見東西的眼睛，然而，一切事物都只不過是體驗（覺受）罷了，不論是在中陰、地獄道或任何其他地方，它全是你個人的體驗（覺受）。如果我們只是因為相信自己有一雙眼睛，所以就可以看見東西，並不會改變這樣的事實：我們所體驗的事物，基本上是心的覺受。當你晚上做夢時，你看見各種不同的事物，你是用眼睛看見那些東西嗎？你相信在夢中有眼睛，對不對？在夢中，你走來走去，四處張望，但事實上，你閉著雙眼躺在床上。

請了解，你所有的覺受都是你個人的覺受，而不是其他人的覺受，它是你的覺受，因此它不同於其他人的個人覺受。當我們尚未證悟時，有一種共享的、共同的覺受的元素。對尚未證悟的有情眾生而言，山巒、城市、道路、五大元素全都看起來是它們所顯現的樣子。現在，我們具有所謂的不淨覺受，意思是我們不斷地把覺受的內容具體化為真實，這即是「不淨」的定義，但是它不必一直保持那個樣子。

當我們修持這「認識本覺」的法門，變成偉大的瑜伽士時，我們把自己所體驗的一切看成「八幻喻」。這八幻喻分別是鏡中影、水中月、空谷響、彩虹、乾達婆城（city of Gandharvas）❺、海市蜃樓，以及魔術師所創造出來的魔幻。換句話說，我們把自己的體驗（覺受）和覺知，比作看似真實但事實不然的事物。一旦真實地看見那虛幻的本質，我們視自己所體驗的事物為堅實的執著就消失了。因此，一個偉大的瑜伽士便能夠隨意地穿過其他人視為堅實的物質，那不是因為他真的很強壯，能夠用蠻力穿過堅實的物質。相反地，那是因為他了悟一切事物都不是真實的，都不具實體。

這不會改變其他眾生體驗事物的方式，對其他眾生而言，「實相」仍然看似堅實。瑜伽士藉由認識本覺，而獲得一切事物不具實體的了悟。一旦那麼做，我們就握住了「繩子」的一端。它如同要拉起一條躺在湖中，巨大沈重且長一百公尺的粗繩，你無法一次把它從湖中拉起來。但是如果捉住繩子的一端，你就能夠慢慢地把其他的部分拉出水面。「繩子的一端」即是認識本覺，而我們現在能夠從一個具格上師那裡得到這種對本覺的認識。在繩子的另一端，即是全然了悟的狀態。

是誰體驗這所有的覺受？這一切是為了誰而存在，是為了什麼而存在？它只為了心而存在。除了心之外，沒有其他事物能夠有所體驗（覺受）。因此，對能夠體驗的心而言，一切事物都是個人的覺受，而一切覺受都是個人的覺受，除此之外無他。

此時，我們無法真的說一切事物是空虛的，因為當我們碰觸自己所體驗的某件事物時，它似乎是堅實的。你無法像密勒日巴（Milarepa）那樣把手穿過牆壁。在《智慧雨》（*The Rain of Wisdom*）之中，果倉巴（Gyalwa Gotsangpa）❻唱道，一切顯相都是騙人的。「一切事物如同一場巨大的魔幻，一場騙局。我身後的岩石是透明的。」然後他往後靠，在那塊岩石上留下他的背印。對於一個真正不執著事物為堅實的人而言，他不只視事物為透明的，也能夠穿透物質。

單單一個瑜伽士的了證，不會移除所有其他眾生所具有的堅實感受。當你了悟個人的體驗（覺受）不具實體時，它不會真正改變其他眾生的想法，對其他眾生而言，牆壁和山巒仍然在那裡。一旦我們藉由一再地修持而完全了證本覺的狀態，就能夠了悟五大元素的真正本質是五方佛母，五蘊的本然狀態是五方佛。❼在此時，你可以真正地宣示

❺梵語「Gandharvas」（音譯為「乾達婆」）有「變幻莫測」之意，因此是八幻喻中的「變化喻」。

❻果倉巴・貢波・多傑（Gyalwa Gotsangpa Gonpo Dorje, 1189-1258）是竹巴噶舉（Drukpa Kagyü）傳承的偉大上師之一。

❼五方佛母是五方佛（毘盧遮那佛、不動佛、寶生佛、阿彌陀佛和不空成就佛）的眷屬。她們是：寧・初瑪（Mying Tsukma）、給瑪（Gyema）、那瑪基（Namaki）、那札・卡嫫（Naza Karmo）與丹企・卓瑪（Damtsik Drolma）。五佛部代表我們身心染污（五蘊）的究竟清淨，以及一切煩惱垢障的淨除。

一切事物是遍在的清淨。

學生：我們如何能夠投生佛土？

仁波切：佛是法身，佛的心稱為「法界體性智」，佛土是法界佛土。這是我們能夠變得穩定的處所，這是我們真正的家園——超越增與減的領域。

即使所有輪迴的現象是空虛的，它們卻不是空無法界體性智 。這遍在的法界智慧是我們真正的家園。如果你想要去一個最棒的地方，就要去那裡。其次，是去五佛的佛土，在那裡，你每天可以暢行無阻地旅行，然後在傍晚，可以無礙地返回淨土。這些化身佛土是出自諸佛祈願、加持和慈悲的神奇展現，我們有可能前往化身佛土。如果你能夠對自性有穩定的認識，就能夠前往眾多佛土。我可以百分之百地保證，一旦到了那裡，你將不必前往六道輪迴。然而，如果你想要，仍然可以返回六道，利益其他眾生。

不要去想一切事物是空無的，這一點非常重要。事實上，證悟具有不可思議的偉大功德。如果你只想要空無，那麼在無色界中的其中一界有這樣的狀態，即輪迴最高層次的非想非非想處天。當你的覺受專注於虛空無限或意識無限的想法上，或專注於空無一物的想法上時，你就能夠進入「非想非非想」的狀態。如果老是想著那個想法，你會陷入其中很長一段時間。

第六章

生圓雙運

真正的生起次第應該在真如三摩地內開展，
如同一個影像出現在一面明亮的鏡子上。
明光三摩地如同唐卡繪畫的影像，當這個影像顯現時，
鏡子不會失去它本身的明亮。
換句話說，不要為了讓生起次第生起，而把圓滿次第拋在腦後。

根據內密續的說法，所有生起次第的修行都始於真如三摩地（samadhi of suchness）。「真如」（suchness）是指「真實」（real）。什麼是「真實」？它是本初清淨的狀態，即眾所周知的「立斷」。「立斷」的本初清淨狀態即是圓滿次第的究竟重點，也就是法身，在此稱為「真如三摩地」。換句話說，你始於法身，法身的本然功德稱為「報身」；或可以說，法身為本質，報身為本性。

三種三摩地

法身的勝妙狀態是如虛空般的空性。任運顯現則是生起於本初清淨狀態的表現，其中包含了報身和化身。有一首偈頌說道：

在法身的遍在虛空之內，
報身如同陽光般清晰展現，
化身如彩虹般為了眾生的福祉而行止。

這首偈頌的意思在於，我們的本質（本初清淨的空性）是法身，無別於這種本初清淨空性的是本然的覺察，也就是任運顯現的覺受基礎——報身的面向。在無別於法身的情況下，報身的面向開展出來，它如同日月閃耀的光輝，它們的光輝不是來自其他處所，或到其他處所去發出光亮，而是在虛空內閃耀光輝。當因緣正確時，當空氣中具有濕氣，陽光遇上雲朵所提供的陰影時，彩虹就自動顯現。在此同時，化身出自空性與覺察的雙運而展現，利益眾生。

生起次第的修持即是依照這相同的原則。虛空是本初清淨，是真如三摩地，是法身。從這個虛空生起覺受，即如同陽光般閃耀的報身，當這兩者聚合在一起時，彩虹於焉展現，而這彩虹即是化身。如此一來，三身如同一個自然的進程。

我們無法分別修持生起次第和圓滿次第，事實上，根據內密續的說法，為了真正而正統地修持生起次第，我們必須領受直指教導。如果缺少這直指教導，我們就無法辨認什麼是真如三摩地，而這真如三摩地即是心的本初自性。沒有那種認識，第二三摩地「明光三摩地」（samadhi of illumination）就不會顯現，因為我們沒有認識心的覺察品質。於是第三三摩地（真如三摩地和明光三摩地的雙運）就不會自然而然地產生，這第三三摩地是以種子字的形式展現，因此，被稱為「種子字三摩地」（samadhi of the seed-syllable）。

如果我們沒有認識真如三摩地，沒有認識心性，那麼真如三摩地、明光三摩地和種子字三摩地這三個步驟就會變成一種心的造作。如此一來，禪修就變成模仿這三種三摩地，使用咒語把一切融攝入空性，而觀想則變成一種心的造作。這不是真正的三種三摩地。

真如三摩地——法身的原理，是一種大空性，無別於你的本然覺察，無別於覺受的品質。這種覺察有如光亮或明晰，因此它被稱為「明光三摩地」；然而，在明光三摩地展現的同時，它也不離真如三摩地。請了解，真如三摩地和明光三摩地是無別的。這空性與覺察的無別常常被稱為「明光」，並且自然而然地展現為種子字。換句話說，要讓這種無別以種子字的形式展現，如同太陽或月亮在天空中升起，這是第三三摩地——種子字三摩地。

我們之所以用「種子」來稱呼第三三摩地，是因為種子是來源，佛土、宮殿、本尊全都從種子開展出來。這個種子字在天空中一個接一個地化現為E（艾）、Yam（楊）、Ram（壤）、Lam（朗）、Bam（磅）、Sum（宋）等種子字，然後每一個種子字轉化成為空壇城、水壇城、火壇城、地壇城和風壇城，以及最後的須彌山。在須彌山的山頂，顯現出天宮等等。這是先後順序。

換句話說，你在三種三摩地的結構內逐步展開生起次第。絕對不要觀想本尊在你的自己的房間之內，在你小小的房屋裡，在你自己的國家之內，甚或在你概念中的這個世界之內，甚至連「世界」這個概念都太狹隘，因為在實際上，不是只有這個世界。在佛教的宇宙觀裡面，一個世界體系是從金剛地獄（vajra hell），一直往上到天道的最高層次「非想非非想處天」算起；在金剛地獄和非想非非想處天之間的是須彌山、四大洲和八小洲等等。所有這一切組成一個世界體系，而一千個這種世界稱為「一小千世界」。如果你把「一千」視為一個單位，然後乘上「一千」，就稱為「一中千世界」。再把這「一中千世界」視為一個單位，乘上「一千」，它就變成十億個世界，那是一個無上化身佛影響力所及的範圍。他的影響力是如此巨大，因此十億個佛能夠同時在這十億個世界中顯現。所以，修持生起次第時，我們不必要把範圍窄化到自己的房間或房屋之內。

本初清淨是本尊生起的基礎，從這個基礎開展出化現的面向，即任運顯現。這種任運顯現有時稱為「神妙的慈悲」（magical compassion），而明光覺察即是慈悲。沒有任何一個佛欠缺慈悲。

心的本質是超越心之造作的本初清淨，而心的本性則是任運顯現的慈悲。空性與覺受兩者之無別，即是種子字三摩地。真如三摩地是心的本質，是空性；明光三摩地是心的本性，是覺察；種子字三摩地是空性與覺察之無別，是慈悲，是化身，而天宮、本尊則是從這個種子字生起。

三身是什麼樣子？

我試著給你們一點暗示，想要讓你們知道三身究竟是什麼樣子。法身如同虛空，你不能說虛空有任何方向的限制，不論走多遠，你永遠不會達到虛空停止的地方，永遠不會達到虛空的盡頭。虛空是無量無邊的，法身也是如此，它是遍在而無限的，完全超越任何侷限或限制。一切諸佛的法身也是如此，每一個佛沒有個別的法身，如同每個國家沒有其各自的虛空。你不能說有一個以上的虛空，你能嗎？虛空是無所不在且全然開放的，一切諸佛的法身也是如此，而報身就是在法身的領域中展現。在整個宇宙之中，沒有一個世界是在三身之外，那簡直是不可能。三身是本初的範圍，所有世俗世界都在其中展現和消失。

這種基礎就是所謂的「法界」，報身正是從這個法界中顯現，更廣大的報身被形容為「五部無量海佛」（Five-Fold Immense Ocean Buddhas）。在中央的是無量海毘盧遮那佛（Vairochana）；位於東方的是無量海不動佛（Akshobhya）；位於西方的是無量海阿彌陀佛（Amitabha）；位於南方的是無量海寶生佛（Ratnasambhava）；位於北方的是無量海不空成就佛（Amoghasiddhi）。

這些更巨大的報身佛的尺寸被描述如下：毘盧遮那佛手持一只青金石製成的缽，結大平等捨印。在這只缽中，有一片浩瀚無邊的汪洋。在這個汪洋之中，有一棵蓮花樹，盛放二十五朵蓮花。第十三朵蓮花位於他的心間，第二十五朵蓮花在他額頭的部位，我們自己、我們的世界則位於他心間的第十三朵蓮花之中。這朵蓮花有數千片花瓣，成千上萬個花藥。在每一個花藥的每一個微粒之中，有十億個宇宙，而每一個宇宙是一個無上化身佛的領域。

根據一般大乘體系的說法，這是此賢劫千佛影響力所及的範圍。他們的影響力如同其中一朵蓮花內數千個處所中的一個微粒。此外，在毘盧遮那佛身上的每一個毛細孔之內，各有十億個世界體系。而他只是五位更巨大的報身佛之一，位於其他四個方位的報身佛分別是寶生佛、不動佛、阿彌陀佛和不空成就佛。現在你了解這些廣大無邊的領域，以及化身佛的領域和報身佛的領域之間的差別。

耶喜・措嘉（Yeshe Tsogyal）❶曾經懇請蓮花生大士：「請告訴我它真正的樣子。」於是蓮花生大士對此加以解釋。他說：「好的，我不會讓你看到全貌，只會讓你看到其中的片段。」他讓耶喜・措嘉看到在釋迦牟尼佛影響力之下的十億個世界體系。耶喜・措嘉看到這個景象之後不支倒地，蓮師朝她身上潑水，使她甦醒。然後蓮師說道：「如果妳連一個化身佛影響力所及的十億個宇宙都無法理解，那麼妳更無法體驗更巨大的報身佛領域。」

在這五方佛之中，有無數個十億化身佛宇宙。在這每一個宇宙之中，有無數個十億化身佛顯現。只要有機會，化身佛就會以各種必要的方式或身相化現，來影響任何需要被影響的人。所有這些都在一個化身佛的領域之內，其他的世界不一定以相同的方式存在。當一個宇宙或世界體系正在形成時，另一個宇宙或世界體系或許正在消失，而第三個宇宙或世界體系正處於存在的狀態。這是關於世界體系範圍的小小暗示。

此外，一個世界體系始於六道有情眾生底層的十八層地獄。天眾有不同的層次：首先是位於欲界六天的天眾，在其上是色界十六天，在色界之上是無色界四天，所有這一

❶耶喜・措嘉（Yeshe Tsogyal）：蓮花生大士的祕密佛母與大弟子。她幫助蓮師廣傳佛法，特別是為後代弟子埋藏伏藏。

切稱為「一個世界體系」。如果你把這一個世界體系乘上一千倍，就稱為「一千世界」或「一小千世界」。如果你把這「一千世界」算成一個單位，然後乘上一千倍，就稱為「一中千世界」。如果你把這一百萬個世界算成一個單位，然後再乘上一千倍，你就有了「一大千世界」（或三千大千世界），即十億個世界體系。當你說「一大千世界」或「十億宇宙」時，就是這個樣子。當你把十億個世界體系算成一個單位時，那就是釋迦牟尼或蓮花生大士等化身佛所及之處，十億個世界體系是他們影響力所及的範圍。

這些佛沒有血肉之軀，他們有虹光身❷。我們試著去數數看究竟總共有多少個世界！諸佛之三身及其利益是不可思議的。當修持生起次第時，從真如三摩地開始，我們沒有必要把它窄化到自己小小的世界領域。如果可能的話，至少要從十億個世界體系的領域開始。

事實上，如果你想要知道真相，無上化身佛影響力所及的範圍不只十億個世界體系，而是十兆個世界體系！通常在一般的經乘體系之中，你只談到宇宙有十億個世界體系，但是根據金剛乘的說法，一個報身佛身上的每一個毛細孔之內，各有十兆個世界體系。金剛乘的體系直接而如實地觀看事物的樣貌，沒有限制它們的範疇。在經典與密續之間有深度的差異，在密續之中，無所保留。毘盧遮那佛身上有十兆個毛細孔，每一個毛細孔之中有一百億個宇宙。那是我們所講的範疇。

我們或許納悶：為什麼大圓滿教法存在於這個世界之中？那是因為我們的世界位於毘盧遮那佛的心間。在千瓣蓮花的千個雄蕊內各有十兆個世界體系，而我們的世界體系只是其中之一。在這每一個宇宙或世界體系之中，各有十億個或十億個以上居住著有情眾生的世界。有情眾生的數目不可計量！

對一般的有情眾生而言，輪迴沒有盡頭。但是對個別的有情眾生來說，輪迴是有盡頭的。因為當我們認識心性，並且對心性具有穩定的認識之後，進一步輪迴的根源就消失殆盡了。對個別的有情眾生而言，輪迴確實有盡頭。但是對整體的有情眾生來說，輪迴沒有盡頭。

法身如同虛空般遍在而無限；報身如我們剛剛所提及的那般廣大而不可思量；為了利益和引導有情眾生，化身佛在這些十億重宇宙中顯現。對有情眾生而言，證悟是可能的，因為三身遍及輪迴與涅槃之中。所有的世界和所有的眾生都在三身的領域內消融和展開，沒有什麼事物在三身的領域之外開展。因此，每一件事物都是本初清淨的。但是，如果個別的有情眾生沒有認識到一切事物完全清淨的這個事實，那有什麼用處呢？如果眾生是迷妄、迷惑的，就沒有太大的幫助。然而，儘管眾生是迷妄、迷惑的，眾生的本性從未與三身分離。藉由認識心性，修持心性，並且達到穩定，我們就能夠證悟。當我們想要這一點時，就有了修持佛法的意義與用處了，不是嗎？

一部密續說道：「一切眾生事實上皆是佛，但是他們暫時受到障蔽的遮蓋。當這些障蔽被移除之後，他們就是真正的佛。」「一切眾生皆是佛」是什麼意思？它表示，每

❷虹光身：透過殊勝的大圓滿法門，修行成就者命終時能讓身體回縮到組成身體的光質，色身會消融在光中，然後完全消失。因為在身體消融時，會有光和彩虹出現，所以稱為「虹光身」。

一個有情眾生都具有證悟的本質——善逝藏，而這善逝藏展現為他們的自性。這並不是說我們必須要去尋找和回歸某種佛性，不是那個樣子，佛性已存在每個眾生之內。

佛性的本質是空虛的，但它也是覺察的，它具有了知的能力，我們能夠覺知和體驗。這不是遠遠超出我們想像的事物，我們能夠理解這一點，也能夠了解空虛與覺察是無別的，不是兩個不同的本體。到現在，我們是否清楚了解三身本來就存在我們之內？

這裡有一個例子。佛性不同於虛空，因為很明顯地，虛空一無所知。然而，我們必須把虛空當作一個例子，指出佛性是什麼樣子。在加德滿都這座山谷之內，有數千幢房屋，在每一幢房屋之內有虛空。從一幢房屋到另一幢房屋，虛空本身並沒有品質上的不同。舉例來說，這虛空被東昇的旭日照亮，有日光時，就沒有黑暗。同樣地，覺察的虛空是每一個有情眾生的自性，然而他們是分離的，如同白天被陽光照亮的個別房屋。但是，仍然有虛空，覺察或明晰如同充滿陽光的虛空。你能夠分隔白天的陽光和虛空嗎？你能夠分隔如虛空般的法身和覺察的報身嗎？這即是每一個有情眾生已經具有的自性，請了解這個比喻的意義。當你修持認識心性時，這就變得相當明顯。儘管心是空虛的，但這不屬於感官的心卻能夠清晰地體驗一切。

修持生起次第的真正途徑

大圓滿的經典清晰而準確如實地描述輪迴的基礎或起源，以及涅槃的本質。這些經典也解釋，不論是輪迴或涅槃，都普遍存在於一切狀態之中，而其他的道乘並沒有教導這一點。在大圓滿之中，有外在的「心部」（Mind Section）、內在的「界部」（Space Section）和祕密的「口訣部」（Instruction Section）三部。只有在口訣部四部的第四部「最密無上部」（Innermost Unexcelled Section）才對這一點有完整的描述。

不離真如三摩地是修持生起次第與圓滿次第雙運的方法。在指出心性（空性的狀態）之後，有一種本然的覺察。這本然的覺察即是明光三摩地，有時稱為「神妙的慈悲」。讓這種無別於空性的慈悲以種子字的形式展現，進而化現出其他的種子字——E（艾）、Yam（楊）、Ram（攘）、Lam（朗）、Bam（磅）。在此之後，須彌山、天宮和本尊的壇城於焉展開。這稱為在圓滿次第之內修持生起次第，即不離圓滿次第之連續性。在不離真如三摩地的情況下，從事所有的觀想。

如果上師從來沒有對我們指出無二明覺之本然狀態，那麼我們就必須透過思想來創造觀想。首先我們想像空性，然後想像明光、種子字，並且想像天宮、本尊等等。這不是真正的生起次第；相反地，那是真正的生起次第的仿製品。它肯定聊勝於無，但是那不是正統的途徑。修持生起次第的真正途徑，即是讓觀想開展為本覺的自然表現。

我們可以透過另一個方法來結合生起次第與圓滿次第，那就是把圓滿次第包含在生起次第之內。當我們努力想像自己是本尊、天宮等等的同時，記得去認識心性：「是什麼在想像這些？是什麼在思惟這些？」在認識心性的剎那，生起次第與圓滿次第是雙運的，因為觀想的空虛品質一直都是法身。

不論我們選擇什麼樣的修行方式，都應該結合生起次第與圓滿次第，唯有這麼做才是明智的。如果我們是迷妄的，我們將會坐在那裡，試圖用念頭造作出某些事物。最佳的狀況是生起次第自然而然地從圓滿次第中開展出來——生起次第即明覺的本然表現。讓本然的表現顯露為智慧（梵prajna，藏sherab），如此它是解脫的，而且沒有喪失其本質。真正的生起次第和圓滿次第彼此永遠都是連結的，只修持生起次第，而不把圓滿次第包含在內，不是特別明智的作法，因為這麼做既不會帶領我們走向解脫，也不會使我們證悟。

我將要再稍微談一談把生起次第修持為一種類似的仿製品。在儀軌的某個地方，有一句咒語「Om Maha Shunyata Jnana Vajra Svabhava Atma Koh Hang」（嗡．瑪哈．孫雅塔．佳那．瓦雜．斯瓦哈瓦．阿它瑪．闊．杭）。種子字「Om」（嗡）是一切色相的本性，表示被覺知的一切事物是毘盧遮那佛——一切色相的空性；「Maha Shunyata」（瑪哈．孫雅塔）是指大空性；「Jnana」（佳那）是指本初覺醒——無別之空性與覺察。在本質上，當念誦咒語時，我們說：「我具有不壞覺醒之本性，在這種本性之中，被覺知的一切事物即是大空性。」

然後在幾秒鐘之後，我們說：「在這種空性的狀態中，我在一剎那間顯現為本尊的身相。」如此想像被稱為真正的生起次第的類似物。這種憶念空性的時刻是必要的，因為開始與結束若沒有空性，就如同沒頭沒尾的生起次第。繼此之後，在空性的狀態之內，種子字E（艾）瞬間展現為虛空的壇城，然後種子字Yam（楊）成為風，Ram（壤）

變成火，Sum（宋）變成須彌山，Bhrum（仲）變成須彌山山頂上的天宮。

生起次第不是虛妄假造的事物，它不是自欺欺人的，因為本初清淨自然而然地具有任運顯現的功德。這些是本覺的功德、無二明覺的功德，如果我們的自性是空虛的，就完全不會有功德。本初覺醒是空虛的，但是這種覺醒的功德卻不可思議。這種覺醒的面向是指本初的了知從未真正地喪失，即使對我們而言，本初的空性似乎不具有這種覺醒。

認識心性，解脫自在

此時此刻，我們仍然是輪迴三界和輪迴六道內的凡俗有情眾生，我們的人生或許是艱難的。我們經歷許多困難，體驗許多痛苦，證悟是我們感興趣的目標，是我們真正需要的事物。我們已經有了痛苦，已經經歷出生的痛苦，現在的我們或許不記得了，但是已經經歷那種痛苦。我們現在也明白老邁與生病的痛苦，在前面的是死亡的痛苦，不論我們做什麼，都無法避免死亡。人們可以說在死亡之後，沒有任何東西，藉以自我安慰，但那是他們所有的一種想法、一種假設。徹徹底底的滅盡是不可能的，因為心不是某種會死的事物。記住，是心在體驗事物，而不是死亡之後留下的肉身在體驗事物。屍體不會受苦，它也不會感受快樂，你可以將屍體碎成萬段，它也不會有任何感覺。你可以把各種武器插進屍體之中，或射擊它，它也不會有任何反應。你也可以一再地焚燒它，它也不會有所感覺。只有心會感覺，正是心感覺痛苦，只有心會感覺痛苦。

除非這個心對它的本然狀態（本初覺醒的自性）達到某種穩定的認識，否則它的痛苦就不會有盡頭。二元分立的心是我們應該殺死的對象，但是我們沒有辦法這麼做。你可以消滅它暫時的居處，但是卻不可能殺死目前的房客──心。沒有證得解脫或證悟，我們肯定無法避免承受進一步的痛苦。心不會死亡，它能夠認識它的自性──三身。

金剛乘有一個重要的原則：心的迷惑狀態即是它自己最佳的治療。換句話說，當忿怒、執著或心胸狹窄時，你需要認識煩惱的本質。在那個剎那，煩惱就完全消失了。沒有其他人能夠幫你這麼做，你可以請求某個人帶走你的三毒煩惱，但是沒有人能夠辦到，唯一的解決之道便是認識自己的心性。

當然，你可以嘗試另一種的方法，嚴厲而堅決地勸告自己：「你在過去已經那麼糟糕，一再地追逐三毒，在輪迴的汪洋中流轉。現在不要再這麼做！」但是你的心會聽話嗎？或者你可以提醒自己：「我們已經經歷那麼多的痛苦，這些痛苦都是我的煩惱所引起的。我決心結束這一切，不會再犯。」但是，你真的會聽自己的話嗎？

認識心性不是更好嗎？看見沒有「東西」可看，即是法身。看見法身者，即是報身的功德；空虛與覺察無別，即是化身。在你觀看心性的剎那，就已經看見了心性。在看見心性的剎那，它就解脫自在了。這是最佳的解決之道，不是嗎？因為它永遠斬斷了三毒。當三毒消失時，留下的除了三身之外還有什麼？如此修持，你將會獲得三身的寶座，將會得到真正的遺產。

凡俗的人生是指忽略這最珍貴殊勝的事物而流轉，追逐著完全沒有用處、毫無意義的事物。我們讓自己成為美好聲譽、錦衣玉食的奴隸。舒適愜意的人生，是大多數人追求的事物。如果我們永遠不會死亡，那麼或許值得去追求舒適愜意的人生！我們可以不斷地去追求、追求，不斷地累積、累積。我們可能會達成這些目標，但是如果沒有時間去真正地享受它們，那怎麼辦呢？我們遲早會死，明天或後天，然後其他人就會取走我們的財物，朋友或許會享用這些財物，或者是敵人會坐享其成。在我們死亡之後，其他人會說：「他沒有機會享受自己擁有的一切。嗯，現在我們可以坐享其成！」他們將開開心心地花用你的錢財。他們會說：「他用不著這些錢，因為他死了！現在我們可以用這些錢。他費盡心血累積這些錢財，現在卻是我們在享用它。」用一輩子的時間累積這些事物是多麼地無用！

在此同時，亡者的靈魂在中陰覺知這整個情況，因而怒火中燒。他心想：「我費盡千辛萬苦，想要讓子孫享受我的財富，但是現在這些財富卻被其他人取走。我真是火大了！」財富難以積聚，難以保護。首先，你必須努力工作來累積財富。然後，必須時時刻刻小心翼翼地避免財富被其他人偷走或奪走。在死亡之後，你可以透過神通而清楚地看見自己死後所發生的一切狀況。你最好眼不見為淨！這樣至少可以免於吝嗇和瞋怒。

輪迴的狀態真的非常可悲，你最好對這一切一無所知。然而，在中陰狀態的靈魂具有條件性的神通，能注意他財物的動向——是誰取走他的財物，他們怎麼使用他的財物。這創造了痛苦與怨恨，而這兩種感受是使亡者墮入惡趣的直接原因。如果能事先知道這一點，如果能認識了心性，我們就不會陷入吝嗇與瞋怒之中。在本初覺醒之中，那些感受無法留存，五毒成為五智。但是如果我們沒有認識心性，輪迴只是痛苦，除了一個接著一個的痛苦狀態之外，並無其他。

修持的真實起點

當我們修持生起次第時，請了解認識心性的必要性。如果我們忽略真如三摩地，那就像我們有一具無頭的身體一般。一個沒有頭的人有多大的用處？你知道有多少人沒頭？

佛法修行最重要的要點即在於真如三摩地和了知心性。我們可以像篩一袋麵粉那樣小心翼翼地檢視整個世界，但是不會找到比真如三摩地和了知心性更重要的事物。你必須認識真正的起點，而真正的起點必須是真實的，那即是真如三摩地。從真實的本覺開始，因為本覺不是空白或空無的，它具有一種本然的覺察，而生起次第就從這種覺察中產生。

另一方面，當你的起點是念頭，而你想要把圓滿次第包含在念頭之中時，那種圓滿次第會透過消融念頭，而逐漸侵蝕損害念頭造作出來的生起次第。你可以稱這種消融為「融盡的階段」（dismantling phase）。在建構大量的事物之後，在你認識誰是思惟者的剎那，整個架構就消失了。它如同一個孩子在海灘上建造一座沙堡，海浪一來，沙堡瞬間消失無蹤。這不能稱為「生起次第」，它是「融盡的階段」！當然，這種方法不是毫無意義的念頭，它是很好的方法，但是它不是生起次第與圓滿次第的雙運，它不是修持本覺為真如三摩地。

本覺不是一種不知不覺的狀態，它具有明晰、覺察的功德，可以開展為生起次第，這是讓生起次第在圓滿次第內開展的方法。我們有四種觀想的修行法門，其中包括五圓滿（fivefold true perfection）、四金剛儀軌（ritual of the four vajras）和三觀想儀軌（threefold visualization ritual）③，瞬間的憶念（instantaneous recollection）是最甚深的。出於真如三摩地，任何應該現前的事物會連想都不用想地現前，那不表示本覺狀態消失了，它完全沒有消失。這不同於你試圖把圓滿次第帶入生起次第，這會摧毀生起次第，如同把一桶水澆在沙堡上一般。

所有這四種方法肯定都具有利益，但是我們要修持我所探討的那種方法。我們要從真實的事物開始，即從真如三摩地開始。所有的儀軌都有一本法本是有原因的，僅僅是念誦字句，即稱為「用文字把意義帶入心中」。讓我們以蓮花生大士的一個簡單的儀軌為例，其中一句是講「真如三摩地」，另一句是「明光三摩地」，再一句是「種子字三摩地」。我們在不離本覺狀態下繼續念誦，每一句幫助我們展開一部分的觀想，這是修持觀想的方式，它不會讓我們先前所提及、認識誰是想像者的方法變得完全沒有用處。然而，它不是圓滿的生起次第——本覺明光（luminosity of rigpa）。如果你用念頭來開始修持儀軌，就已經喪失了真如三摩地。

③詳細內容請見《智慧光》（*Light of Wisdom*）第二冊第一百頁之後的部分。

本覺的鏡子

讓我們使用一面清晰、明亮的鏡子作為形容真如三摩地的例子，明光三摩地和種子字三摩地則如同鏡子的明燦和顯現在鏡子上的影像。影像會影響鏡子嗎？它甚至會改變鏡子嗎？如果一個白色的影像顯現在鏡子上，那不是因為鏡子變成白色，對不對？鏡子不需要過去映現那幅唐卡繪畫，唐卡繪畫也不必站起來，朝鏡子移動，影像完全而瞬間地顯現。整個影像顯現，而不是只有臉、手臂，而沒有腿。

這種方法不同於在概念上試著去看見一個本尊映現在我們的心上。當那樣做時，我們會想著一件事，卻忘了另一件事。相反地，一切事物都會一次全部映現出來。這是可能的，因為本覺的明燦如同一面清晰的鏡子。當一切事物同時映現時，即是圓滿次第；而生起次第則如同唐卡繪畫。

現在，當我們想到腿時，就忘了頭；當想著左手時，就把右手給忘了。這是摧毀你已經造作的事物的一個過程。真正的生起次第應該在真如三摩地內開展，如同一個影像出現在一面明亮的鏡子上。明光三摩地如同唐卡繪畫的影像，當這個影像顯現時，鏡子不會失去它本身的明亮。換句話說，不要為了讓生起次第生起，而把圓滿次第拋在腦後。否則，生起次第就會變成一種造作，如同用陶土或木材製作物品一般。唐卡繪畫可以映現在一塊木頭上嗎？

當修持真如三摩地時，你必須熟悉本覺的狀態。當你對本覺有穩定的認識時，即是圓滿次第，生起次第不會是一個問題，因為生起次第可以成為圓滿次第的一種展現或表現。在這個背景脈絡之中，「生起次第與圓滿次第的雙運」和「顯空雙運」是一樣的，它如同鏡子上的影像。鏡子不必追逐對境，對境會映現在鏡子上。

請仔細了解生起次第的原則。由念頭所仿製出來的生起次第，不是真正的生起次第。它成為用一件事物替代另一件事物的過程，因為當你想到一件新的事物時，先前的情況就被排除或取代了，它被摧毀了。我們最好像一面鏡子，讓影像出現在本覺狀態之上，而不執著於任何事物，那即是真如的狀態。覺受的品質如同唐卡繪畫映現在鏡子上那般，自然而輕易地展開。當你拿著一張唐卡繪畫站在鏡子前時，不是鏡子去選擇它要映現唐卡繪畫的哪一個部分。相反地，一切事物都映現於其上。為了反映清淨的生起次第，我們首先要做一面明亮的鏡子，一面心性的鏡子、一面本覺的鏡子。一面畫出來的鏡子如同二元分立的心鏡，真正的鏡子是本覺的鏡子。我們可以畫一面鏡子，但是畫出來的鏡子能夠映現嗎？

第七章

捕捉一切本尊之命力

圓滿次第如同有一個電燈泡在你的心臟中央，
而生起次第如同在一面牆上畫一個電燈泡。
我們永遠無法真正打開畫在牆壁上的電燈泡，
但是它將會提醒你有一個真正的電燈泡，
使你能夠更輕易地認識真正的電燈泡。

藏傳佛教的不同學派對本尊的修行法門有不同的看法。在新譯派之中，尤其是薩迦派，修行者必須每天持咒來維持修行者與本尊之間的連繫。雖然你透過灌頂而與本尊建立連繫，但是你必須每天修持三昧耶（samaya）❶的法門來保持這種連繫，不然這種連繫就會消失。儘管從來沒有人說修行者錯過日課就會下地獄，但是薩迦傳統堅持修行者要從事日課，藉以維持修行者與本尊之間的連繫，這是為什麼一些薩迦派的喇嘛們有一本厚厚的日課法本的原因。噶舉派和寧瑪派的體系有所不同，它們強調「把一切精簡為一」。在這種方法之中，如果你修持一個本尊法門，所有其他的本尊都會自動地包含在那個本尊修法之中；如果你了證一個佛，你自動會在同時了證所有其他諸佛。

一切諸佛合一

「了證一佛，即了證一切諸佛」這句話的意思是，在廣袤無垠的本初覺醒之內，一切諸佛是合一的。它如同虛空的廣大無限，如同天空的廣袤無垠：我們不能說在世界的某個部分有一個天空，在另一個部分有另一個天空，整個廣袤無垠的範疇是相同的虛空。同樣地，雖然一切諸佛以不同的身相顯現，但是他們如虛空般的證悟心卻一模一樣。他們真正的本質不是由不同的本體所構成。

在廣大無垠的本初覺醒之內，「一切諸佛合一」的這個事實不是我發明出來的，這是諸佛本身的教導。如果你對這一點有信心，便會了解諸佛不同的身相不是你必須緊密保持連繫的不同人物。那不像有三十個人，而你必須和這三十個人中的每一個人保持美好的友誼。智慧本尊如諸佛那般沒有任何念頭，他們不會區分哪些人喜歡他們，哪些人不喜歡他們。諸佛不像平常人，他們所有眾多的身相都具有相同的本體，藉由修持其中一個佛的法門，你自動就和一切諸佛建立了連繫。請你們對這個事實有信心。

雖然一切諸佛在本質上是相同的，但是他們卻以各種不同的方式來顯現自己。就這個方面而言，我們也是如此，全都具有佛性，這佛性沒有個人與個人之間的差異；在基本上，我們全都是空覺雙運。但是我們如何把這個佛性展現為念頭，其中肯定有所差異。當我感到快樂時，另一個人可能感到悲傷，我們會有不同的感受。然而在本質上，我們是相同的。

本尊不具有任何念頭，他們不會有所分別，而且就本體而言，他們如同單一的廣袤虛空。想像在尼泊爾所有房屋每個房間裡的虛空，雖然這些房屋是彼此獨立的，但是其內的虛空卻不會因為房屋的不同而有所差異。就本質而言，一切諸佛是相同的。因此，

❶三昧耶（samaya）：即「誓願」，包括上師身、口、意的戒律和十四根本墮。

如果了證一佛，你就自動地了證一切諸佛。

每當你在生起次第觀想本尊時，請了解觀想本尊的基礎即是圓滿次第。如果你能夠在認識心性之後觀想本尊，你只要讓本尊的身相在那種狀態中展開、產生即可。如此在基本上，你修持什麼本尊之間是沒有差異的，因為只是讓本尊的身相在你認識心性的狀態中展現罷了。如果我們沒有如此修持，或用凡俗的二元念頭來修持，那麼所有的本尊肯定是不同的，因為一個念頭自動就會排除另一個念頭。

當我們談到了證一個特定本尊時，最重要的重點在於：認識空性，出於慈悲地為了一切有情眾生而修行，並且離於希望和恐懼。如果如此修持，你一定會了證本尊，這是毫無疑問的。但是如果你是出自唯物實利的動機來修行，懷著「我希望能夠證得什麼和什麼」的期望，就會延遲成就的到來，你永遠無法透過希望和恐懼而了證本尊。首先，我們要認識心性；其次，為了一切眾生而生起悲心；然後，放棄希望和恐懼。透過這樣的修持，你一定會成就本尊。

你可以先注視一幅唐卡繪畫來觀想本尊，唐卡給予你一種視覺印象，一種可見而有形的身相，但是真正的本尊不是那個樣子。唐卡是有形的實體，你可以用手執取；你想像的本尊身相是可見的，但是卻不可觸摸。它是空虛的，但是你仍然能夠看見它。它如同鏡中的影像，你看得見卻摸不著。

藏傳佛教有噶舉、薩迦、寧瑪和格魯等四大學派。在所有這四個傳統之中，當修持生起次第時，我們都需要從真如三摩地開始。「真如」是指你本具的心性，它不是來自另一個地方的另一種真如，這種真如純粹就是圓滿次第。圓滿次第中的「圓滿」是指全然展現為你的自性的事物，即法身心性，而認識這種法身心性，即是圓滿次第。當我們認識心性，同時安住在真如三摩地之中，我們不離本然狀態，讓生起次第的觀想開展出來。為了利益眾生，儀軌的修持從廣袤無垠的三身中產生。輪迴與涅槃總是從廣袤無垠的三身中展現。

三種三摩地的第一三摩地「真如三摩地」是指本初空性。事實上，它是一切諸佛三身的本質，空性是證悟身的功德；覺性是證悟語的功德；明覺之無礙能力是證悟意的功德。一切諸佛之身、語、意也展現如下：不變的功德是「身」；不息的功德是「語」；無謬的功德是「意」。在眾生的迷妄狀態之中，這三種功德展現為有情眾生之身、語、意。

因此，在這三種功德之中，你們既有輪迴也有涅槃，有一切諸佛的身、語、意，也有一切有情眾生的身、語、意，三身的本質就是以這樣的方式普遍存在於輪迴與涅槃之內。它可能聽起來好像有三種彼此獨立的事物：一個是法身，另一個是報身，第三個是化身，但事實上，它是一個無別的本體。那是自性身或體性身，也就是你自己的心性。這普遍存在於所有輪迴與涅槃的狀態之中。

一切有情眾生的身、語、意，只不過是一切諸佛之身、語、意的展現或表現，它們不是來自任何其他地方。如果我們完全認識這是一致的，就會變得完全地穩定，這即是所謂的「認識一切諸佛之證悟身、語、意」。但是如果我們沒有認識自性，我們就會迷惑散亂，像現在一樣繼續在輪迴中流轉。

我重複密續所說的：「一切有情眾生都是佛，但是他們受到暫時的障蔽的遮蓋。當這些障蔽被移除之後，他們都是真正證悟的佛。」雖然一切諸佛和一切眾生的本質是相同的，但是我們卻沒有認識這一點，而繼續身陷輪迴之中，這是「一體兩面」的一個例子。我們能夠證悟，能夠成佛，那是因為我們已經具備證悟的本質——佛性。如果沒有佛性，我們不可能達到任何證悟。

本尊修行的究竟目標

在圓滿次第和生起次第之中，圓滿次第是最重要的。它如同我們已經擁有的生命力，本具的三身即是我們的心性。圓滿次第是三身的覺醒狀態，雖然我們已經擁有這三身，不需要費力去創造它們，但是卻能夠發展它們明顯的特質。生起次第是我們想像的事物，是我們容許在心田嬉戲的事物。

有心和心性，心不同於心性。思惟和想像的是二元分立的心，而在心性之中，沒有被思惟或被想像的事物。三身自然而然地存在於心性之中，而在某個方面，它們的形相因為觀想而變得明顯。我們這麼做是為了獲得成就，清淨障蔽。而最重要的作法是在認識心性的同時，讓生起次第所有不同的面向展現出來，這是第一流的方式，也是最佳的方式。然而，儘管不知道心性，但同時仍可修持生起次第，因為心性是一種無礙的空覺，因此生起次第和圓滿次第仍然是雙運的。我們有必要去了解本尊修行的基本原則。

為了向外展現三身之功德——本尊之身、語、意，我們在修持儀軌時，會通過各種不同的步驟：供養、持咒、想像光芒散放出去又融攝回來、讚誦和懺悔、請求轉動法輪、懇請諸佛不要入涅槃，以及迴向功德。所有這些步驟是去除天空中的雲朵的不同方式，它們構成傳統所謂的清淨障蔽和積聚福慧二資糧，它們也是諸佛之慈悲與善巧方便，是諸佛智慧之表現，具有不可思議的效果。絕對不要認為生起次第毫無意義、沒有用處或不重要。

在生起次第之中，最重要的重點被形容為「捕捉一切諸佛的命力」。換句話說，如果你了證圓滿次第，就一定會了證諸佛和諸本尊。沒有圓滿次第，一切諸佛和本尊都只是我們想像出來的事物。當認識心性是超越「達成」的，你就自動地成就了本尊。真的，就了證本尊而言，沒有什麼技巧比這個方法更加深奧了。

本尊修行的究竟目標在於認識三身的本性無別於自己的心性。在認識心性時，我們就能夠自動地成就心性可顯現的有形面向。雖然這些面向對外顯現，但是於內在，我們沒有創造任何事物。

圓滿次第如同有一個電燈泡在你的心臟中央，而生起次第如同在一面牆上畫一個電燈泡。我們永遠無法真正打開畫在牆壁上的電燈泡，但是它將會提醒你有一個真正的電燈泡，使你能夠更輕易地認識真正的電燈泡。這即是生起次第與圓滿次第之間的差異。

我們既需要生起次第，也需要圓滿次第。當我們尚未建立穩定的三摩地和圓滿次第時，生起次第的有形面向將幫助我們清淨障蔽，並積聚功德與智慧二資糧。就消除障蔽而言，這具有巨大而深刻的重要性，絕對不要認為生起次第是沒有必要的。「認識你要成就的本尊」這句話常常被提及，它表示我們應該認識究竟的本尊事實上即是圓滿次第——我們的心性。我們應該認識，心性即是我們所要成就的本尊。

結合善巧方便和智慧

諸佛從未教導我們只要透過生起次第的善巧方便，就能夠獲致證悟。我們必須透過生起次第與圓滿次第之雙運而達到證悟。但是圓滿次第才是達到證悟真正而必不可少的力量。只透過圓滿次第來獲致證悟是可能的，但是卻不能只透過生起次第。然而，善巧方便與智慧的雙運仍然是達到證悟最迅捷的方式。

善巧方便是生起次第，智慧是圓滿次第。你可能具有把整架飛機組裝起來的知識（智慧），這知識以一個人的形式呈現，如果你沒有善巧方便——所有的零件，你可以想要持有這個人多久就多久，但是將永遠不會有一架飛機。相反地，你可以有每一個零件，擁有所有的善巧方便，但是如果你沒有知道怎麼把零件組裝起來的人，那麼那些零件不可能會自行飛上天空。只有你結合智慧和善巧方便，才可能擁有一架能夠在天空中翱翔的飛機。

密咒乘（金剛乘）之所以被稱為是一條通往證悟的迅捷之道，純粹是因為它結合了善巧方便和智慧，結合了生起次第和圓滿次第。金剛乘的修行法門結合了本尊的觀想和認識心性，這是金剛乘為什麼是一條迅捷之道的原因。

這裡有「了證一本尊，即了證一切本尊」的另一個例子。舉例來說，你有一千盞電燈泡。你替它們接上電線，但是卻沒有打開電力。就照明而言，這一千盞電燈泡究竟有什麼用處？但是如果你打開電力的開關，那一千盞電燈泡就會同時照亮。即使它們是個別獨立的電燈泡，但是它們所散發出來的光亮本身卻是相同的。在本質上，它是相同的光亮。不論你在世界的哪一個地方有一個電燈泡，雖然電燈泡的光亮可能會因為電燈泡本身的條件而不同，但是它卻是以相同的方式來發光、發亮。如同使電燈泡發光的電力一般，本初覺醒是主要的力量，那是最重要的事物。如果你了悟那一點，你就已經了悟每一盞電燈泡的光亮，而不是只有其中的一盞。

電燈泡或許有不同的顏色，因此它們透出來的光有的是黃色，有的是藍色、綠色或紅色，這是五智的電燈的例子。儘管每一智的顏色或特定的功德或許有所差異，但是它們所散發出來的光亮卻是相同的本初覺醒。請了解這一點。

如果事實不是如此，那麼我們就能夠爭論生起次第和圓滿次第哪一個最好，那彷彿生起次第和圓滿次第將要進行比試。請了解善巧方便是生起次第，智慧是圓滿次第，它們兩者都是重要的。兩者的雙運是最重要的。

不要認為沒有真正的本尊，也不要認為本尊只是我們的想像。我們擁有本來就存在於自己佛性內的本尊——智慧本尊。同樣地，不論電燈泡是什麼顏色，不論是藍色、紅色、白色或綠色，都是以相同的方式發光發亮。你可能有一萬盞或十萬盞電燈泡，但是如果沒有電力，它們就毫無用處。同樣地，我們需要結合圓滿次第與生起次第。

你或許可以成功地觀想一萬個甚或十萬個不同的本尊，清晰地彷彿他們親自顯現在你的面前，但是你的修行仍然需要結合圓滿次第。如果你的修行沒有結合圓滿次第，那就有如擁有一架飛機的所有零件，卻缺乏把這些零件組裝起來的知識。

如果修行者沒有了知心性，那麼修行者就會被迫把真正的金剛乘修持成為一種仿製品，那是二流的生起次第。修行者首先需要念誦一句咒語，例如「Om Svabhava Shuddho Sarva Dharma Svabhava Shuddhoh Hang」（嗡・斯瓦哈瓦・修度・薩瓦・達瑪・斯瓦哈瓦・修度・杭），❷然後想像一切事物變成空性。從這種創造出來的空性狀態之中，空、風、地、水、火的種子字和天宮逐漸顯現，繼之顯現的是本尊等等。這些全都是修行者想像出來的事物。老實說，「咒語讓一切事物變成空性」不是真的，因為一切事物已經是空性，它們不是因為你想像它們是空性，而突然變成空性。如果修行者沒有認識心性，他就不會看見一切事物即是空性。如果修行者沒有真正了知圓滿次第，那麼想像一件事物接著另一個事物就會成為真正生起次第的贗品。

另一方面，你或許已經被介紹心性，認識真如三摩地。「真如」是指事物真實的面貌，而不是我們想像的樣子。在不離這種真如狀態之下——在認識心性的同時，修行者可以讓生起次第的不同面向展現出來，同時不把真如狀態拋在腦後，這即是真正的生起次第與圓滿次第的雙運。修行者可以用真正的方式和假造的方式來修持生圓雙運，但是在沒有認識心性的情況下，修行者就無法修持真正的方式。

修持生起次第與圓滿次第雙運的真正方式是指，你已經被引介了「立斷」之見——真正的真如三摩地。它如同我所給的鏡子的例子，任何事物可以映現在鏡子上面，當事物反映在鏡子上時，影像不具有任何的實體，然而它卻是清晰可見的。

種子字三摩地如同顯現在鏡子上的影像，而鏡子的明亮和鏡子本身則如同真如三摩地和明光三摩地，即空性和覺察。真如三摩地是空性，明光三摩地是覺察或明亮的品質。這兩種三摩地是無別的，而任何影像可以從這種空覺無別的雙運中生起，任何形式的生起次第，都能夠自在地從這種空覺無別的雙運中生起，這種空覺無別的雙運也稱為「空性與慈悲」。我們可以體驗到無別於圓滿次第的生起次第，但是它卻不具有任何具體的本性，這僅僅是因為認識圓滿次第的緣故。如果我們沒有認識圓滿次第，那麼生起次第就如同正在我房間外面進行的建築工事。它變成一種造作，表示它是有形可觸摸的。

本尊、咒語、三摩地

舉例來說，你已經領受了《伏藏珍寶》的所有灌頂，這是一部有許多本尊的教法，它需要花四個月的時間領受所有的灌頂。如果你修行的風格是以新譯派為本，那麼你就會有大量的日課，而且必須念誦所有的日課，你必須從早到晚持續不斷地念誦，才能夠

❷此咒的意義是：「自身、本尊和諸法，在空性的一味中，其自性皆為清淨。」

念完所有的日課和咒語。到最後，你會想：「好在我今天念完了，我仍然和所有的本尊之間有殊勝的連繫，他們沒有離開我。」或許有一天，你忘了念誦其中一個日課，或你無法修持日課。然後你會想：「喔，糟糕！現在我切斷了我和本尊之間的神聖連繫，我已經違犯了三昧耶，我肯定會下地獄。」然後你真的陷入麻煩。你之所以有麻煩，是因為有那麼多不同身相的本尊，使你難以和每一個本尊保持連繫。

你也可以採取這樣的方法：在廣大無垠的本初覺醒之內，每一個本尊和每一個佛都是一樣的。然後，你就可以非常輕易地和一切本尊、諸佛保持連繫，舉例來說，你可以念誦代表一切諸佛身、語、意的三個種子字——「Om」（嗡）、「Ah」（阿）、「Hung」（吽）。「Om」（嗡）是毘盧遮那佛（一切諸佛之證悟身）的本質；「Ah」（阿）是無量光阿彌陀佛的本質，一切諸佛之證悟語；「Hung」（吽）是不動佛的本質，「不動」即指離於概念思惟的心性，「Hung」（吽）是一切諸佛的心性。事實上，在認識心性的同時，念誦「Om・Ah・Hung」（嗡・阿・吽）……「Om・Ah・Hung」（嗡・阿・吽）是很好的。於是你和一切本尊諸佛的每一個可能的面向保持了三昧耶的連繫，因為所有的面向都包含在證悟的身、語、意之內。

現在讓我們想一想諸佛所傳授的所有的教法。在這個世界上，三藏（Tripitaka）——《甘珠爾》（*Kangyur*）和《丹珠爾》（*Tengyur*），即佛陀親口所說的教法），以及針對這些教法所做的釋論，就有成千上百卷，而且內容鉅細靡遺到不可思議的程度，然後我們擁有所有的密續。然而，所有這些教法的精髓即在於生起次第和圓滿次第。你可以詳細地斟酌推敲這些教法，以獲得無懈可擊的了解，但是如果要把這種了解應用在覺受之上，就應該精簡一切。換句話說，「Om．Ah．Hung」（嗡．阿．吽）這三個種子字包含了一切諸佛的身、語、意，包含了所有的教法和所有的三摩地。

同樣地，勝者的身、語、意包含在認識心性的一個剎那之內。「Om」（嗡）是毘盧遮那佛的本質，意思是「以身相展現」，本尊的身相是有形而可見的，以身相來展現。舉例來說，在中陰狀態，我們遇見聲音、顏色和光亮、大大小小的光體、寂靜尊和忿怒尊等等。我們在這裡遇見的一切事物都是可覺知的，具有色相，而那即是一切諸佛身的面向。「Ah」（阿）是諸佛之「語」，「語」是無量光阿彌陀佛，是指所有無盡無量的教法，全都包含在「Ah」（阿）這個種子字之內。「Hung」（吽）是諸佛之「意」，是不動佛，代表無擾或不可撼動，即無二明覺的狀態，離於任何概念上的思惟。如此一來，「Om．Ah．Hung」（嗡．阿．吽）這三個種子字體現或包含了任何佛之身相的身、語、意。你可以仔仔細細地去了解這一點，但是當要把這種了解應用在覺受之上時，你要精簡一切。

一切諸佛之身、語、意的本質被稱為本尊、咒語和三摩地。我們把本尊濃縮精簡為我們觀想的事物，而不是用手製作出來的某個物品。本尊不是一個大工程，它是我們憶念「我是某某本尊。」在那時，你想像自己是一個特定的本尊，非常簡單；至於你的言語，即是咒語，例如「Om．Ah．Hung」（嗡．阿．吽）；你的心意是三摩地的層面，即認識心性。一切都包含在這簡單的方法之內。

除非修持本尊、咒語、三摩地三者，否則身為有情眾生，我們的心總是被三毒或五毒牽著走。舉例來說，讓我們看看這個杯子，你認識這是一個精美的杯子，嗯，那就是「貪」。當你看著這塊使用過的手帕，你不喜歡它，這就是「瞋」。這尚未使用過的牙籤既不好也不壞，對不對？當注視著這牙籤時，你既沒有受到吸引，也不會感到忿怒，只覺得中立。我們所想的任何念頭都像這三種的其中一種，沒有一種二元分立的心態不混雜了這貪、瞋、痴三毒。當看見美好的事物，我們喜歡它；如果看見醜陋的事物，我們不喜歡它；看見介於美、醜之間的事物，我們不痛不癢，對不對？當聽到悅耳的聲音，或聞到甜美的氣味，或嚐到可口的食物，我們喜歡它；如果它嚐起來是腐壞的，我們不喜歡它，我們全都有這三毒。當某件討喜的事物浮現在心中，我們喜歡它；如果它是令人感到痛苦的，我們不喜歡它。我們確實有歡樂和痛苦，對不對？但是，我們卻不在乎介於這兩者之間的任何事物，而對它們置之不理。我們總是用這三毒來回應出現在六種感官之前的事物。

生起次第純粹是透過想像天宮、本尊的身相和供養，而把這種模式轉化成為善念。在五個種子字、十字金剛杵上的天宮、本尊、供養之後想像須彌山時，所有這一切清淨了我們思惟的串習。我們念誦祈願文，智慧本尊在天空顯現，然後融攝入我們自身。「我自己是本尊；我散放出來的光芒轉變成為獻給天女的供養，於是天女們回贈我無量無邊的供養，讚誦我為本尊。」所有這一切都是我們想像出來的事物，它把我們的念頭模式轉變成為善念。那即是本尊，是「身」的面向。

然後，我們想像三薩埵（three sattvas）：三昧耶薩埵（samaya sattva）、佳那薩埵（jnana sattva）、三摩地薩埵（samadhi sattva），即被稱為「三昧耶尊」、「智慧尊」和「三摩地尊」的三種本尊。三昧耶尊是在我們心間的一個種子字，被咒鬘環繞，旋轉照耀出光芒。念誦咒語屬於「語」的面向，有許多不同的事業和功能。當我們談到三摩地或意的面向時，你只要去認識是什麼在想像這一切即可。請體驗空覺無別之狀態。

諸佛出自善巧方便和大悲而教導生起次第和圓滿次第，這些教法極為殊勝而有效。首先，生起次第的整個目的在於把惡念轉化成為善念；圓滿次第的目的則是讓善念消失無蹤。當你認識心性，看見空覺無別的狀態時，即使是最善的念頭都會因此而消融，不留下任何痕跡。

有時人們說：「我想要有一個本尊的淨相。」他們期待在念誦了某個數量的咒語之後，本尊就會來到面前，就會看到本尊。事實上，那種心態把本尊給外在化了。真正的本尊是空性與覺察之雙運，是你自己的心性。與其擊鼓搖鈴，期待本尊在你面前的天空上出現，你反而應該認識是什麼在想像這一切。在那時，你就會看見空性與覺察之無別狀態，這即是與真正的本尊面對面。這不是比希望一個本尊從外界出現在你面前要容易多了嗎？真正的本尊淨相即是認識你的心性。

即使你在自己的心性內尋找十億年，除了空虛之外，你將永遠不會看見任何具體的「事物」。那是法身本尊，當你注視時，你就看見了它。不論你怎麼探究、分析、描這心性，你將永遠無法找到任何具體而有形的物質，那就是它為什麼稱為「非造作的空性」的原因。認識這一點，即是與法身佛面對面或擁有法身佛的淨相。是什麼看見心是空虛的？有某種覺察的、覺醒的品質可以看見心是空虛的，這不像虛空，虛空不會看見它本身。另一方面，心是覺察的，也是空虛的。空虛的品質是法身，覺察的品質是報身，覺察與空虛的雙運是化身。

這是擁有本尊最容易的方法，也是真實的方法。膚淺的方法是在擊鼓搖鈴之後，期待本尊從外在降臨。事實上，擁有圓滿次第的本尊淨相是最簡易的方法，也是真實的方法。如果你只懷著這樣的想法修持生起次第：「我希望本尊會降臨，我希望本尊會降臨。」那只是在培養希望與恐懼，它只會把真正的本尊推得更遠。

認識心性能夠獲得千佛的命力，當你掌握了千佛的命力之後，他們就無法從你手中逃脫。你透過真正三摩地狀態的力量，便掌握了所有本尊的命力，不必召喚他們前來，彷彿他們住在遠方一般。

另一種是用認真、死板的方式來取悅本尊，心想本尊真的存在於天上的某個地方。這種心態是：「我必須擺出供品，否則他就會生氣。如果我呈獻精美的供養，他就會歡喜。如果我念誦咒語，就會讓他感到快樂。如果我忘記念誦咒語，他就會感到心煩。如果我損壞了我與他之間的連繫，就會讓他感到非常的糟糕。」這種心態也稱為培養希望與恐懼，那不是真正的方法。

讓心鏡去想

首先，用自己是本尊的想法來提醒自己，例如提醒自己：「我是普巴金剛（Vajra Kilaya）❸」，如此修行要簡單多了。接著念誦咒語「Om Benza Kili Kilaya」（嗡．班雜．奇利．奇拉亞），或只念誦「Om．Ah．Hung」（嗡．阿．吽）。然後，你要認識是什麼在想像本尊，是什麼在念誦咒語，認識除了是你的心在想像本尊、念誦咒語之外，並無其他。

沒有這個心，就不會有觀想本尊；沒有心，就不會有念誦咒語。當你檢視是什麼在想像本尊、念誦咒語、認識自心時，你就會看見心是無別之空覺。舉例來說，如果想要用手指碰觸虛空，你需要把手指伸多遠才能碰觸到虛空？你不是在伸出手指的剎那就碰觸到虛空了嗎？同樣地，在認識心性的剎那，你就接觸到圓滿次第，即空覺之心性，我們立即認識到空覺之心性。因此，在看見心性的同時，你可以繼續念誦咒語。

在你開始一座的修法時，不要忘了去想像本尊的身相。如果我們沒有看鏡子，就看不到自己的臉。觀想本尊是指我們讓心鏡去想：「我是普巴金剛。」你大可以提醒自己即是本尊，因為從一開始，你的五蘊和五大即是諸佛的壇城。

❸ 普巴金剛（梵Vajra Kilaya）：寧瑪派《阿努瑜伽》的主要本尊之一。「普」表空性，「巴」表智慧，「普巴」即空性與智慧融合成不二體性。普巴法的修持在於斷除一切自我的貪執，消除內心的恐懼，如此才能了解法界性。

如此透過「我是本尊」這樣的一個念頭，觀想就會在一剎那之間產生。這種瞬間的憶念，在剎那間把本尊栩栩如生地帶到心上，即是最高和最佳形式的觀想。用你的聲音念誦咒語，用你的心認識心性，如果你決定這種修行是足夠且包含一切的，那完全是正確的，它不像我們必須取悅智慧本尊。智慧本尊本來就沒有念頭，不會感到滿意或不滿意，因此它真的只不過是你下定決心，用這種簡單而包含一切的方式來修行而已。這是我的意見，我或許太過單純了；另一方面，它或許是真實的。

智慧本尊代表「自生的覺醒」（藏rangjung yeshe；梵swayambhu jnana），他無別於我們自己的心性，他沒有念頭，因此不會有所分別，不會為了我們的行為而感到滿意或不滿意。然而法本卻舉出：「雖然智慧本尊沒有念頭，但是受到誓約束縛的眷眾卻看見人們的過患。」智慧本尊全然的了證如同磁鐵一般，吸引各種世間的靈體。這些世間的靈體確實具有缺點，也確實有念頭，能看見人們的過患，他們可以載舟，也可以覆舟。智慧本尊的眷眾包括瑪摩（mamos）、參（tsen）和度（dü），以及所有不同的地神、火神和水神。對這些眷眾而言，你是否呈獻供養是有所不同的。但是對智慧本尊而言，是否有呈獻供養並無差別，因為智慧本尊沒有念頭。

在認識心性的同時，你要在三種三摩地的架構內重複從事你的本尊修持。如果你按照這種方式來修持，我可以保證在今生，你可以成就共的成就和正等正覺的無上成就。

讓我告訴你們的一個故事來說明這一點。薩迦・班智達（Sakya Pandita）❹不只是一個極具學養的大師，也是一個成就者，他已經發展出聲音方面的神通。當他旅行經過西藏邊境的一個處所時，他傾聽從山上流下的溪流。透過水流，他聽到普巴金剛的咒語被錯念為：「Om Benza Chili Chilaya Sarva Bighanan Bam Hung Phat」（嗡・班雜・七力・七拉亞・撒瓦・畢甘南・磅・吽・佩）。他心想：「在山上，某個人一定念錯了咒語；我最好上山糾正他。」薩迦・班智達上了山，發現有個喇嘛坐在一個不起眼的禪修小屋裡。薩迦・班智達詢問喇嘛的名字，問他正在做什麼。喇嘛回答：「我的本尊是普巴金剛，我正在修普巴金剛的法。」薩迦・班智達問：「你使用什麼咒語？」喇嘛說：「Om Benza Chili Chilaya Sarva Bighanan Bam Hung Phat」（嗡・班雜・七力・七拉亞・撒瓦・畢甘南・磅・吽・佩）。薩迦・班智達說：「喔，不是的！那是錯誤的咒語；它應該是以『Om Benza Kili kilaya』（嗡・班雜・奇利・奇拉亞）作為開頭。那是真正的意義所在：『普巴金剛及其明妃，十子（Ten Sons）和所有的食者和殺人者。』這些文字都包含在咒語的音聲裡。」喇嘛回答：「不，不！文字不如心之狀態那般重要，清淨的心比清淨的音聲更重要。我過去說『Chili Chilaya』（七力・七拉亞），我未來也要繼續這麼說。這是毫無疑問的！而你則將需要我的金剛杵（普巴）。」喇嘛把他的金剛杵給薩迦・班智達說：「你把這個帶著。」於是薩迦・班智達照做了。

一段時間之後，薩迦・班智達在西藏和尼泊爾邊境的奇戎（Kyirong）遇見夏卡

❹ 薩迦・班智達（Sakya Pandita, 1182-1251）：據傳是文殊菩薩的化身，是第一位在辯論中大勝印度外道學者的西藏人，被認定為西藏三因明和十明的邏輯探究傳承之創始者。著有《薩迦格言》，對藏族文學發展有重大的影響，後被尊為薩迦第四祖。

拉（Shangkara）。夏卡拉是印度教的大師，想要皈依西藏人。他們兩人展開一場大辯論，每一回合的勝利者可以拿一把陽傘或雨傘作為勝利的象徵。他們兩人各贏了九把傘，只剩下一把傘。那時，夏卡拉飛上天空來展現他的成就。在夏卡拉飄浮在空中時，薩迦・班智達拿著他的金剛杵念誦道：「Om Benza Chili Chilaya……」（嗡・班雜・七力・七拉亞……）。夏卡拉直接從天空掉到地面上，薩迦・班智達贏了第十把雨傘。據說，佛教之所以能夠在西藏留存，便是因為這場辯論的結果。

本尊修持點燃修行之火

一句古諺說道：「西藏人因為擁有太多本尊而自毀。」西藏人認為他們必須修持一個本尊，然後必須修持另一個本尊，然後第三個和第四個，一直繼續下去，最後一事無成；而在印度，禪修者終其一生只修持一個本尊而獲得無上的成就。如果我們採取這種態度，會是很好的。如果我們修持金剛薩埵，那麼僅僅修持這一個本尊，就已經非常完整了。我們不必持續不斷地轉換不同的本尊，擔心不這麼做的話，便會錯失什麼，因為如果我們只修持單一一個本尊，就絕對不會錯失任何事物。

在一部密續之中，有一句話說道：「我為了接受和排拒本尊而懺悔。」有時，修行者會對一個特定的修行法門感到厭倦，例如「夠了，就修持這一個本尊！」然後，你放棄那一個本尊的修持，試圖去修持另一個本尊，然後過了一陣子之後，你又修持另一個本尊。請不要這麼做。

如我稍早所說的，如果你成就了一佛，你就成就了一切諸佛。如果你了證一本尊，你自動就會在同時了證一切本尊。當然，修持一個以上的本尊沒有什麼不好，重點是不要在本尊之間換來換去。

你要修持自己最喜歡的本尊。如此一來，你將會自然而然地傾向這個本尊而非另一個本尊，這種感受是你和那個本尊建立連繫的一個良好指標。基本的準則是去選擇最讓自己感到啟發的本尊，一旦選擇了一個本尊，請持續不斷地修持這個本尊。

本尊和本尊之間沒有根本上的差別，你不能說有好的本尊或壞的本尊，因為所有的本尊都包含在五佛部之內。你不能說其中一佛部比其他四佛部好或糟糕，完全不是如此。但是人們個別的感受卻有所不同，因此有些人想要把蓮花生大士作為修持的本尊，而其他人則想要修持觀世音菩薩、釋迦牟尼佛或度母。因為業的傾向，人們的偏好因人而異。本尊與本尊之間的功德沒有任何區別，如果你把寂靜、忿怒百尊作為本尊，你就把每一個本尊都包括在內了。

不論你修持哪一個本尊，一旦你成就了本尊的修持，你就同時成就了所有證悟的功德，其中不會有任何差異。舉例來說，當太陽升起時，它的溫暖和光亮同時呈現。如果你成就了一個佛的身相，同時也成就了一切諸佛的身相。其原因在於，所有的本尊在本質上都是相同的；他們只有身相上的差別，而沒有本質上的差異。修行者獲致成就的根本原因在於，修行者在從事本尊修持的同時，他認識了心性。認識本覺即是真正的修行，你使用本尊作為修行的外在形式。即使每一個本尊展現不同功德的不同面向，在本質上他們都是相同的。

你可以用各種不同的方式來描述日出。某些人會說，當太陽升起時，不再有寒冷，或不再有黑暗，或它變得光亮，讓你可以看見東西。人們也用各種不同的方式來描述證悟狀態的不同功德，在證悟狀態之中，諸如智慧、慈悲和能力等功德都任運展現。

請試著把本尊修行視為諸佛應我們之請而賜予的禮物。當皈依時，我們請求保護和護衛，而如何去除障蔽和獲致了證的教法則是真正的保護。本尊修行是真正的護衛，藉由本尊修持，我們可以去除需要去除的事物，了證需要了證的事物，進而獲致成就。

雖然我們已經具有這證悟的本質，但是它如同尚未點燃的油燈那般尚未覺醒。我們需要用一盞點燃的油燈來連結、來觸及這證悟的本質，藉以點燃自己的油燈。想像兩盞油燈：一盞尚未點燃，另一盞已經點燃（證悟）。那盞尚未點燃的油燈必須靠向另一盞油燈，才能獲得光亮。

同樣地，我們已經具有佛性，但是尚未了解佛性。我們尚未認識佛性，尚未修持佛性，尚未建立穩定的佛性。我們和那些其他的「油燈」建立連結具有大利益，因為他們已經認識佛性，修持它，並且具有穩定性。我們的油燈已經準備就緒要被點燃，但是它尚未認識它本身，尚未修持，尚未獲得穩定性。

本尊修持具有利益。米龐（Mipham）仁波切具有文殊菩薩的淨相；文殊菩薩是他的無上本尊。藉由這個本尊的修持，米龐仁波切成為一個偉大的班智達，一位極為博學多聞的學者。許多印度的大成就者修持度母儀軌，他們把「認識心性」和本尊修持結合在一起，獲致成就。所有這些偉大大師的生平故事裡，都有講述本尊的修持法門。你絕對不會聽到任何人說：「我獲致成就，沒有使用任何本尊。我不需要說任何咒語。」本尊修持如同在修行之火上添油，使修行之火燃燒得更高、更熱。

第八章

克服障礙與魔羅

我們的概念思惟才是真正的魔羅，落入概念化即是魔羅。
藉由認識我們的心性，所有的魔羅都被擊潰，四魔消失無蹤，
所有障礙都被移除，重點在於修持那種對心性的認識。

我們肯定會面臨障礙，一般來說，障礙有外在、內在、祕密三種。外在的障礙是外在元素的失衡，這種失衡以地震、水災、火災和颱風等自然災害的形式展現。這些障礙為有情眾生製造了許多明顯的困難。

外在、內在和祕密三種障礙

內在的障礙是脈（channel；梵nadis）、氣（energy；梵pranas）、明點（essence；梵bindu）的失衡，此三者也被稱為「結構的脈」、「移動的風息」和「排列就緒的明點」。這三者可以受到各種打擾，脈可以被壓縮緊束；風息或氣可以被逆轉，以錯誤的方式移動；明點可以被擾亂。在此，「明點」主要是指來自父親和母親的白色元素和紅色元素。這三者是人身的藍圖和基本結構，當它們失衡時，我們就會覺得這個虛幻的肉身生病了。當然，我們可以使用特定的療法來治療這種失衡。

然而，最值得考慮的是祕密的障礙，這和執著於覺知者和被覺知者有關。基本上，這是指我們二元分立的覺受習慣，而這是對本初的空覺狀態欠缺穩定性所引起的。當這種空覺本身不穩定時，它會向外執著於五種覺受的對境——五種感官的對境（五塵）。這五種對境是被覺知者，而覺知者即是執著於這五種對境的心。

雖然這自生覺醒的本初狀態不具有二元分立，但是因為我們執著覺受為其他事物，二元分立於焉產生，然後繼續下去。這種持續不斷的二元覺受正是一切有情眾生的心的特徵，他們的心執著於覺知者和被覺知者。這是輪迴的核心，也是我們的祕密障礙。

沒有人超越障礙，我們全都因為這三種層次的障礙而一再地受傷。在處理外在的障礙，也就是四大元素所引起的災難時，我們可以遷移到其他的處所，或從事某種修行法門，來緩和或平息四大元素的力量。

金剛身❶的氣、脈、明點失衡的內在障礙，是以身體的疾病和其他各種方式來顯現。你可以服用藥物來治療這些疾病，以及從事瑜伽練習來控制、操縱、掌控脈內風息的移動和明點的配置。這種修行法門主要屬於《瑪哈瑜伽》和《阿努瑜伽》，但是某些面向也屬於《阿底瑜伽》的範疇。

最重要的是如何調伏二元覺受的祕密障礙，即執著於覺知者和被覺知者的習慣。降伏二元分立的唯一途徑在於，不要讓心的表現偏離進入二元分立的心之中；這種心把不存在的二元分立視為存在。話說：「在二元消融為一之前，沒有證悟。」因此，我們需要認識自生覺醒的無二狀態，這是我們的本初狀態。在認識本初狀態之後，我們要修持

❶金剛身：圓滿次第所修持的氣、脈、明點微細系統。行者可藉此三者的修持，生起大樂的明光心。

它，並且獲得穩定。唯有透過這種穩定，我們才能夠完全降伏所有的障礙。

一切眾生皆受四魔的控制

我們也可以用四魔（four maras）來描述障礙，不論它們的名稱是什麼，通曉自生覺醒是驅除一切障礙的唯一途徑。如果我們這麼做，我們就不會受到任何障礙的傷害，不會受到外在、內在、祕密障礙的傷害。首先，我們需要認識自己的本初狀態；然後，去修持那種認識；最後，獲得穩定的認識。沒有比這個更好的方式。

昏沈和掉舉是三摩地的主要障礙。我們的本初狀態具有空虛和覺察兩個面向，這兩個面向基本上是無別的。當修行者比較專注於空虛的品質時，就會產生昏沈。當修行者過度強調覺察的面向時，掉舉就會產生。但是當修行者對自生覺醒有穩定的認識之後，就不會落入昏沈或掉舉之中。如此，心的狀態不會受到昏沈和掉舉的控制。對自生覺醒具有穩定的認識，即是處理昏沈與掉舉的方式。

至於四魔，每一個尚未覺醒證悟的人都在四魔的掌控之中。這四魔分別是死魔、煩惱魔、五蘊魔（即我們的肉身）、天人魔。死魔是指每一個人都受到死亡的宰制，而死亡當然會中斷他們的修行。五蘊魔是指肉身，一旦出生，你就被裝在這個稱為「人身」的物體之中，並且注定會改變；這是一種魔羅。煩惱魔是陷入煩惱之中，有情眾生即是如此。

最細微、最困難的是天人魔，它們是誘惑的魔羅。它是對著我們耳語，給予錯誤忠告的小小聲音：「有比修行更有趣的事情，何不以後再修行，例如下個月或明年，那時你就可以真正地密集修行。現在，有比修行更重要的事情。」那是天人魔的聲音，它是目前最難以注意到、最難以克服的魔羅。

當你像蓮花生大士、大成就者無垢友尊者那樣證得虹光身時，你就降伏了五蘊魔。藉由穩定地認識心性，你降伏了煩惱魔。唯有認識心性，修持心性，並且達到穩定的狀態，你才能夠完全消除四魔，否則有情眾生不是解脫自在的。有情眾生一而再、再而三地被這四魔所征服，並肯定受到四魔的控制。

製造輪迴的大魔羅

我們可以用天空和陽光的意象來說明「自生的覺醒」，在白天，天空和陽光是無別的，這兩者常常被用來比喻本初虛空和本初覺醒。一切諸佛、菩薩都獲得穩定的本初虛空與本初覺醒之雙運，因此不受到任何層次障礙的支配。我們這些有情眾生的問題，是始於不知道自己的真實自性。它彷彿太陽暫時西沈，變得漆黑一片，我們無法看見任何東西，不知道任何事情，這是我們自己無明的寫照，是我們不知自性的寫照。這種無明是十二緣起的第一緣起，無明創造輪迴。如果認識自生的覺醒，我們就斬斷十二緣起和輪迴之根，就沒有無明。就諸佛、菩薩而言，他們已經根除無明。我們因為沒有認識自生的覺醒，十二緣起和輪迴於焉產生。

輪迴與涅槃的基本差異在於「了知」和「無知」。「了知」是明覺智慧；「無知」是在無盡輪迴中流轉。我們有兩個選擇：了知什麼是自性，即明覺智慧；或無知，即無明。我們沒有兩種不同的本初自性。

無知或無明形成十二緣起的第一緣起，其他十一緣起則建立於其上。因為「無明」，而有了「行」（formation）。因為「行」，而有二元分立的「識」，它是投生母胎、形成「六入」（六根）和「名色」五蘊的助因。投生促使一個人忙於「愛」（貪愛）、取（執取）和「有」（becoming），更別提再一次的「生」、「老」、「病」、「死」，它如此繼續下去。無明本身即是這輪迴之輪的軸心，如果你想要怪罪製造輪迴的大魔羅，那麼就怪無明，就怪欠缺了知。

根除輪迴問題的唯一途徑在於，把無明消融於本初基地（primordial ground）之內。我們只要認識心的本然狀態，不要讓二元執著的習慣繼續下去，就能夠做到這一點。只要我們安住於本然狀態之中，不去接受和排斥，就能夠把無明消融於本初基地之內，那即是克服一切障礙的方法。認識這殊勝的自生覺醒，有如陽光驅除一切黑暗。它非常接近有如劃分光亮與陰影之間的界限，光亮與陰影之間的距離其實不那麼遠。認識自生的覺醒能夠征服一切障礙。

如果我們維持無二明覺的連續性，就能夠清除基本的無明。在那個時刻，沒有「無明」，因此也就沒有「行」，沒有二元分立的「識」，沒有「名色」，沒有「六入」，沒有「愛」、「取」、「有」、「病」、「老」、「死」等等。這要歸功於認識我們的心性，認識本覺，也就是你的上師指出的自生覺醒。我們的心本來就具有三身，心性在本質上是空虛的，在本性上是覺察的，而這兩者是無別的。看見心性，維持它的連續性，就能夠清除基本的無明。

我們應該認識這一點，並且維持這種認識的本然面貌，但這不表示我們要刻意維持本然的狀態。「維持本然的面貌」是指在沒有維持者或沒有被維持者的情況下，讓它持續下去。它不同於我們心想：「喔！現在我得到它了；這是我應該持有的東西；這是我應該避免的東西。我不會去做這個，但是我會去做那個。」把接受和排斥交替地作為禪修法門，不是根除輪迴的方式。相反地，它是十二緣起的第二支——行，它是每個概念形成二元分立心態的基礎，那創造了更進一步的輪迴。清除基本的無明，不過就是認識心性，並且保持本然的狀態——看見無別雙運之空覺。那即是所謂的把無明融攝入本初虛空之中，也是超越一切障礙的方法。

遇見心性，擊潰四魔

看待這一點的另一個方式，和阻礙的勢力（修行者的障礙製造者）有關。請先了解，阻礙的勢力真的只不過是從我們的心生起的念頭。「阻礙的勢力」代表不會放棄對壇城加以控制的事物，那是能夠以各種不同的方式偷取成就、供養和進行干擾的事物。

但是事實上，阻礙的勢力只不過是概念上的思惟罷了。阻礙的勢力從你的心中生起，當內在執著的心抓住五種外在的心之對境，加上對五種感官覺知的執著，即是概念上的念頭。這是把對境概念化的行為，把一個對境理解為「那個」，並且對它形成喜愛、厭惡和中立的想法。這些障蔽正等正覺狀態的障蔽者或念頭的活動源自我們自己，而非源自任何其他的處所。

三毒的負面態度展現為三種基本的邪靈：男性的嘉波（gyalpo）或瞋怒，女性的哲嫫（dremo）或執著，以及中性的曼寧（maning）或心胸封閉狹窄。它們的隨從總共有八萬四千種阻礙的勢力、魔羅和邪靈，以許多不同的方式製造各種麻煩、破壞和災難。這八萬四千種勢力、惡魔和邪靈都是我們的心的展現，可以被濃縮精簡為「三毒」。簡而言之，把主體和客體概念化為二元分立，即是基本的障礙或障蔽者。「障蔽者」一詞是指阻礙了證證悟狀態的事物。

根據密咒乘的慈悲教法，修行者給予這個障蔽者「食子」（torma）❷當作禮物。（仁波切笑）為了處理這些不同種類的阻礙勢力，儀軌修行首先柔和地給予它們食子當作禮物。我們把這個食子給予障蔽者，給予自己概念上的思惟。我們觀想一個非常漂亮的食子從空性中生起，散放出動聽的音樂、宜人的香氣、可口的味道，以及完美的質地等等。我們想像食子從空性的狀態中顯現，具足潛能、力量、色、香、味、觸等等，生起五種感官歡悅。我們用「ram」（壤）、「Yam Kham」（楊・康）和「Om・Ah・Hung」（嗡・阿・吽）來加持食子。接著，我們使用特定的咒語來召喚阻礙的勢力，呈獻食子，請求它們離開。

第二種方式是用吟誦來下達命令，其基本的含意是：「拿著這個食子離開，否則你會感受到嘿魯嘎（heruka）❸的熾熱威力。」第三種是一種比較忿怒的方法，修行者散放出眾多小嘿魯嘎，忿怒地驅除障蔽者。在念誦特定咒語的同時，你想像一大群嘿魯嘎如同一場可怕的颶風那般散放出來，吹走所有的阻礙勢力，彷彿它們是被一陣強風吹散的一堆灰燼，力量盡失地飛到宇宙的盡頭。

請記住，我們的概念思惟才是真正的魔羅，落入概念化即是魔羅。藉由認識我們的心性，所有的魔羅都被擊潰，四魔消失無蹤，所有障礙都被移除，重點在於修持那種對心性的認識。在輪迴與涅槃之中，最重要的要點在於遇見心性。心已經落入念頭之中，但是念頭的本質是智慧，是本初覺醒，沒有什麼比了知這一點更重要。去了知最接近我們的事物。

我要重複我已經說了無數次的事情：有情眾生和諸佛之間的差異在於「了知」和「無知」。上師為我們指出本覺，當我們看見「沒有東西可看」時，那即是心性，這時八萬四千種煩惱都被斬斷了。

❷食子（torma）：金剛乘修持與儀式中用的可食物品，常以麵粉與奶油混合而製成。根據不同場合，被當作供養，代表所修的本尊或本尊的壇城，甚至是儀式中用於除去修法障礙的象徵性武器。

❸嘿魯嘎（heruka）即是嘿魯嘎勝樂輪，屬於無上瑜伽續之母續中的一位男本尊，是忿怒尊，又稱「飲血尊」。

問與答

學生：那麼「希望」呢？我了解「恐懼」這個問題，但是它似乎有一點覺醒的希望。這種「希望」是一個問題嗎？

仁波切：在認識自生覺醒的剎那，還有什麼其他的事物要去專注的嗎？你需要讓希望和恐懼崩解。就定義而言，「希望」是你需要去接受和採納的事物，「恐懼」是你需要去避免的事物。然而，見地離於接受和避免，我們自性的本初虛空原本是無別的空覺，已經是法身佛普賢如來和普賢佛母。我們為什麼要希冀法身佛之外的佛？了知本覺的剎那就足夠了。當我們說，究竟的見地是離於接受和排斥時，它是指在了知心性的剎那，沒有額外的本尊要去成就，沒有額外的覺醒狀態要去獲得。在那個剎那，就沒有任何力量去促使進一步投生於六道輪迴之中。

學生：你能不能再解釋為什麼天人魔是最棘手的？

仁波切：愚弄或誘惑我們的事物，正是我們自己的思惟。幾乎每個人都被這個魔羅征服。當然，我們也受到五蘊魔的控制，除非我們沒有肉身。

我們或許難以處理這些魔羅，但是它或許不是那麼困難。不要對這個當下的覺醒做任何事情，魔羅就不會從那個覺醒中探出頭來，因為那是不可能的。我們要以一種明晰、完全覺醒的方式來保持當下的覺醒，讓它保持「如是」的狀態。那就足夠了，我們不會從中找到任何其他的事物。如果我們認為在覺醒狀態之中，有其他的事物要去達成，那麼這種期望只會是束縛我們的腳鐐。

我們通常困在過去念頭、當下念頭和未來念頭之中，放下這三種念頭，這是明晰的當下覺醒。「明晰」在此是指如水晶般透明、完全開放和無礙。如果你渴望比這個當下覺醒更優越的狀態，那麼你就是在愚弄自己。這種無謬的、非造作的當下覺醒即是真正的普賢如來，它一剎那都不曾與你分離。在認識當下覺醒時，本然地安住於其中。如果你認識它，你就是佛；如果你不認識它，你就是有情眾生。它非常簡單，非常清楚，如同光與影之間的分界線。你無法分隔光亮的區域和陰暗的區域，因為它們是如此地接近，如同你自己的手心和手背，諸佛和有情眾生之間的距離就這麼遠，（仁波切顯示他的手）這即是實相，這是手心，這是手背。它們看起來或許是彼此分離的，但事實上，它們非常接近。

認識心性是確定這一點的方式。沒有什麼東西可看，對不對？認識心性不是去看見這之外的任何其他事物，一旦你日日夜夜不離心性，你就掙得了佛的名號。如果能夠保持不散亂一個小時，你就已經是一個阿羅漢。如果你能夠穩定地安住在那個狀態之中，死亡就沒有什麼好恐懼的，因為中陰只不過是那種狀態的延續。

古代的噶舉派大師們說：「死亡不是真正的死亡；對於一個瑜伽士而言，死亡是一個小小的證悟。」它表示心本身不會死亡，死亡僅僅是肉身這個暫時的客居消失。一般人在死亡的時刻失去意識，但是認識本覺狀態的修行者卻不會失去意識。如果在中陰狀態，你認識本覺，那麼它就如同我之前所說的：如果你認識心性的時間長度，有如揮舞西藏袍子的長袖三次所需的時間，你就訓練有素，並達到完全的穩定。在我們活著時，這是不可能的，因為我們置身在肉身之中。它有如一隻被鍊條綁住的鳥，無法飛翔。

我們現在需要修持這無二明覺。沒有其他事物能夠停止我們的思惟，如果思惟不停止，輪迴也不會停止，它只會繼續下去。輪迴需要我們的思惟，以讓它本身持續下去，因為只有我們自己的念頭能夠讓輪迴存活，沒有其他的事物能夠做到這一點。

一旦你認識這種本質，你就能夠舒舒服服地靠在座椅上或床上，完全地放鬆。輪迴三界可以被上下顛倒，地獄在你的下方開啟，而你身上連一根毛髮都不會因為驚恐而移動。到了這個程度，你才算在輪迴中具有真正的信心。一切事物時時刻刻都在毀壞消逝，一切事物都會改變，例如季節、身體，沒有什麼能夠永久。我們的身體如同時鐘指針般，分分秒秒都在改變；外在的世界和置身於其中的眾生，無時無刻不在改變，沒有什麼事物維持相同的樣貌。然而，我們的心性不會改變，它是明覺的不變本然面貌。一切諸佛看見這種細微改變的痛苦，稱它為「遍在之行苦」。然而，有情眾生不會真正注意到細微無常的痛苦。你可以說瑜伽士或諸佛對這種痛苦很敏感，如同眼睫毛掉到眼睛裡時，我們臉部的肌肉會抽搐一般。另一方面，對於凡俗有情眾生而言，痛苦如同手中握著一根睫毛那般察覺不出。他們不知道這種行苦事實上是痛苦的，因而沒有注意到「從這個時刻一直到我們呼出最後一口氣，我們持續不斷地改變」這個事實所生起的痛苦。

學生：為什麼我們的心那麼容易散亂？

仁波切：因為我們沒有穩定的明覺，我們開始在一連串的念頭中流轉，一切有情眾生都這麼做。對我們的自性沒有穩定的認識，是過去無數世以來所發展出來的一種非常頑固的習慣。「散亂」是指無明壓倒明覺智慧，無知壓倒了知。這種無知具有天生的和概念的兩個面向，如果淨化了這兩個面向，我們就是佛。只要無明天生的和概念的面向尚未清淨，我們就是有情眾生。

天生的無明純粹是指「遺忘」；概念的無明是在遺忘之後生起，我們開始思惟，形成一個接著一個的念頭。在一個念頭接著一個念頭之後，一長串的念頭就會生起。這本具的和概念的無明，構成諸佛與有情眾生之間的界線，它們構成了迷妄與無妄之間的差異。在藏語中，「證悟」（enlightenment）一詞譯為「清淨的圓滿」（purified perfection）或「被清除和被圓滿」（cleared up and perfected）。無明需要被清除；智慧功德不需要被圓滿，它們已經是圓滿的。然而，無明如同遮蔽天空的雲朵，我們需要讓迷妄的雲朵，自然而然地消散於本初虛空之中。

由於我們尚未證悟，輪迴為何不該是艱難的？這是每個人共有的困難。我們需要緩慢而穩定地修持，而不是僅僅修持幾個月。如果這項任務是容易的，那麼一切有情眾生早就已經證悟。它是困難的，事實上，這種無明讓一切有情眾生感到難熬，兩種無明控制著一切有情眾生。

這裡有一句非常重要的話：「你越嘗試，就越會遮蔽本然的面貌。你越放下，本然的面貌就越清晰。」任何心智的努力都是二元分立的心，這個二元分立的心是我們需要放下的事物。放下之後，所留下的就是無礙的無二明覺。在你認識本覺的剎那，無執著的明覺已然呈現，每個人都具有那種明覺。不幸的是，有情眾生不知道如何去看見這種明覺，即使確實看見，也不信任這種明覺。

第九章

明覺的表現

心性的表現是你自己的表現，
它來自你自己，而不是來自其他任何人，
正如同陽光來自太陽本身，
而不是來自任何其他的處所。

我想要更詳細地解釋兩個重要的原則——心性和表現（expression，藏tsal）。這兩者之間的關係如同太陽與陽光之間的關係：沒有太陽照耀，你就無法擁有陽光。心性的表現和心性本身也是如此，心性不會有所增減，也不會改善或惡化。不論我們是否認識心性，它本身沒有任何差別。認識心性的唯一可能性在於心性的表現，這種心性的表現可以自行了知或不自行了知，那即是智慧（梵prajna，藏sherab）的重要性。

心性與心性之表現

話說，當心性的表現顯露為智慧，當心性的表現了知它的自性時，它就解脫自在了。當心性的表現進展為念頭和思惟時，它就是迷惑，這其中有天壤之別。換句話說，不論心之表現因解脫而成為智慧，或因迷惑而成為思惟，都取決於修行者是否了知他的自性。就心性本身而言，並無差別，它不會因為認識心性而有所改善，也不會因為沒有認識心性而惡化。「當心性的表現顯露為智慧時，它就解脫了；當心性的表現進展為念頭時，它就是迷妄的。」這即是差異的所在。從來沒有認識這種表現的本性，即是有情眾生。它如同一個笨蛋從未看見太陽在天空照耀，而認為太陽是照亮一切的電燈。

心性的表現是你自己的表現，它來自你自己，而不是來自其他任何人，正如同陽光來自太陽本身，而不是來自任何其他的處所。諸佛與有情眾生之間的差異，即在於區分心性與心性之表現的能力。

它如同一體之兩面，本體本身（心性）如同本初的太陽那般自然明燦，不是造作出來的。你沒有認識到心的表現即是你自己的表現，它便是以覺知者和被覺知者的形式呈現。被覺知的事物被視為外在的，而覺知者則在這裡。當我們沒有認識心性的表現時，那表現則以思惟的形式呈現。認識心性如同一個聰明人了解到：「這個照耀各地的陽光必定有一個來源。」當一個大師指出你的自性時，他等於是在說：「這所有的光是太陽的表現。現在往上看天空，你看見有一個照耀整個世界的太陽嗎？」於是聰明人回答：「是的！那是太陽本身，而它的表現則是無所不在的陽光。」這是我們該了解的方式。

智慧有什麼用處？當我們認識心所表現的念頭的本質時，心的表現立刻顯露為智慧。它如同看見太陽本身。否則，我們不會注意到太陽的表現來自何處，而四處尋找太陽，這即是所謂的「表現進展為念頭」——表現它如何變成念頭模式的方式。心的表現陷入五種感官的覺知對境之中：可見的色、可聽的聲、香、味、觸。念頭追逐歡樂和痛苦等心之對境。

「一味」的意義

聰明人可以想出有一個真正的太陽在照耀的道理。龍欽巴的《法界藏》（*Dharmadhatu Kosha*）①說道：

本初心性如同燦亮的太陽，
自然明亮，本然無生。

有情眾生沒有認識心之表現的本質，而陷入於其中。這兩個階段被描述為基本的和附屬的表現。基本的表現純粹是對心性是什麼欠缺了知；而這種欠缺了知以五毒的形式呈現，即是附屬的表現。五毒可以轉變成為八種本具的念頭狀態，甚至八萬四千種煩惱，這創造了輪迴。然而，當這種表現顯露為智慧時，它就有如聰明人心想：「一定有一個太陽。它在哪裡？」他望向太陽，然後了解到：「它在那裡！」它有如看見太陽本身。在這時，心性立即被視為一種無礙的空覺。

我們通常把心視為空虛或有意識的。請了解，心性是一種無礙的空覺。空虛的面向是法身，覺察的面向是報身，無礙的品質是化身。真正認識這一點有如與三身合一的自性身（體性身）面對面，那個時刻不是空無覺知者和被覺知者的嗎？在大手印的體系之中，這正是「一味」（one taste）的意義。它不是「二味」，你絕對不會聽到「二味」。「二味」是指心中有主體和客體；「一味」是指無所持有，沒有執著的行為。沒有執著時，就不可能有「二味」，它只是「一味」，這「一」是了無對境、了無痕跡的。如果我們仍然相信有某種「一」，那麼它只是一種執著。我們或許假裝自己已經放下二元分立的執著，但是仍然相信無二狀態的概念。為了達到真正的了無對境，這種「相信無二狀態的概念」，我們也應該放下。

問與答

仁波切：你在認識心性嗎？

學生：非常困難；認識心性的時間非常短暫。

仁波切：你經歷什麼樣的麻煩？它究竟是什麼樣的困難？如果認識心性的時間非常短暫，你想重複多次地認識心性，有什麼困難嗎？這短暫的剎那是你禪修所創造出來的嗎？

學生：不是。

仁波切：那它不是真的困難，不是嗎？如果你想要把認識心性的時間維持長久，想要

① 《法界藏》（*Dharmadhatu Kosha*）是龍欽巴的名著《七寶藏》（*Seven Treasuries*）之一。

立即成為阿羅漢，那麼就可以說它非常困難。從無始的生生世世以來直到現在，我們一直都是迷妄的。要在五、六年的時間內獲得大成就是困難的，因為我們已經擁有如此根深柢固的執著與迷妄的習慣。現在，我們需要養成一個新的習慣——不是藉由觀修「它」，而是藉由習慣於這種對心性的認識。如果你一開始沒有因偏離而進入那種惡劣的習慣模式，那麼它就會是容易的。如果你已經是一個證悟的菩薩，如果你對心性本然穩定的認識沒有消失，那麼你就會是充滿了知的無礙空覺，那正是一切有情眾生喪失的事物。說它已經喪失也不完全正確；更確切地說，它是因為我們被念頭佔據和控制，而從我們眼前溜走。這是我們根深柢固的習慣。

自從無始以來，自性身（無別三身之覺醒狀態）一直是無息的，它從未被斬斷，也從未喪失。因為心愚弄自己，它創造了這種負面的習慣，而沒有實現本然穩定的心性。此時此刻，這種對心性的認識如同一個小嬰兒，而迷妄的思惟則如同一個強壯的大人，他把這個嬰兒放在他的背上跑來跑去，而小嬰兒看起來無能為力。現在我們的本覺如同嬰兒本覺，它出生了，但是尚未茁壯。力量強大、跑來跑去的大人是二元分立的思惟，也是我們的心的展現。這個大人騙子日日夜夜跑來跑去，使出各種騙局，把嬰兒本覺耍得團團轉。

學生：心的表現如何生起為生起次第？

仁波切：當然，這只有在我們完全認識本覺之後，生起次第才可能生起為本覺的表現。

這種本覺表現的方式，如同讓影像無礙地顯現在一面清晰的鏡子上面。在那之前，生起次第是創造「善念」，不是輪迴的念頭，輪迴的念頭是惡念，而善念是虔敬心、悲心、淨見等善念。

只要你的表現進展成為思惟，那即是迷妄，這迷妄的思惟可以是善的，也可以是惡的。如果陷入惡念之中，你就陷入了三毒，從中衍生出來的都是惡的，例如八萬四千種煩惱。當一個人陷入其中時，他肯定會墮入下三道。另一方面，善念是對證悟者所生起的虔敬心和清淨的祈願，對尚未證悟者的悲心，以及強烈的誠實感。從中生起的一切自然而然是善美的，這是為什麼它們被稱為「善」的原因。因此，創造善的心態不是不可能的。

如此修持有什麼用處？在你具有強烈的虔敬心時，認識你的心性；虔敬心是一種力量強大的情緒，可以讓你熱淚盈眶，毛髮直豎。如第三世噶瑪巴所說的：「在慈心的時刻，空性原原本本地顯露。」在同一個剎那，非造作的自生覺醒完全了無謬誤。你的空性已經赤裸裸地攤在那裡，已經原原本本地顯露。

你也可以透過強烈的悲心而獲得相同的體驗，思量一切有情眾生已經如此痛苦悲慘地在輪迴中流轉那麼長一段時間，他們永無止境地循環，似乎永遠不夠。多麼可悲！再一次地，我們的雙眼充滿淚水，毛髮直豎，無法自已。當你在這樣的時刻認識心性時，再一次地沒有謬誤，這即是善念所發揮的利益。在對證悟者生起虔敬心，對尚未證悟者生起悲心時，你的心沒有摻雜三毒。虔敬心和悲心不是不會摻雜貪、瞋、痴三毒嗎？它們也不會摻雜不實或欺瞞。虔敬心是真心、誠實而直接坦率的，悲心也是如此。透過誠實的道路，修行者藉以證得誠實的狀態，這即是一切諸佛所謂的「仙人」（rishis），意指一個正直坦率的人。而有情眾生則修持一條狡詐的道路，得到「詐欺者」的狀態，「狡猾」在此是指「不誠實」。這是為什麼人們說，善德的心態通往一條清淨的道路。

虔敬心和悲心不同於對諸佛和有情眾生獻假殷勤，而沒有真心誠意地說：「諸佛想想我」或「可憐的有情眾生」。真正的虔敬心和悲心的感受應該幾乎是排山倒海的，沒有比虔敬心和悲心更殊勝的法門可以避免我們偏離見地。虔敬心和悲心兩者是普世的萬靈丹，也是行走於善道，證得十地的基礎，沒有這兩者，我們不可能有所進展。話說：「有一顆善良的心，所有的修道與果位都是善的；有一顆邪惡的心，所有的修道與果位都是邪惡的。」一切都取決於人心之善惡。為了達到證悟，我們必須通過五道❷與十地，那種進展仰賴清淨的態度和善良的心。沒有這種清淨的態度，一切的修道都會通往邪惡的方向。這是一切事物都仰賴一顆清淨心的原因。

首先，認識你的自性。然後，向上保持虔敬心，向下保持悲心，在上與下之間保持努力精進。精進是指一致感。它有如張力適中的弓弦：如果弓本身是緊繃的，弦就不會改變，不會有時候變得太緊，或變得太鬆。相反地，它是一致的，「精進」在此是指一種不散亂的感覺，一種溫柔的不散亂。虔敬心、悲心和精進這三種品質，能讓你在五道與十地上前進。此外，清淨障蔽和積聚功德的前行法非常重要。

禪修者不一定要從事大量的辯論，分析某件事物的是與非，不一定是要證明、反駁、證實和否認某件事物。你可能深深陷入這種辯論之中，以致你的額頭冒汗，雙手顫抖，雙唇顫動，因為你急於想要證明自己的論點，駁倒對手的論點。但是，佛法的整個目的即在於離於瞋怒和競爭，如果一個人因為佛法而暴怒競爭，那麼就會如岡波巴的名言所說的：「如果佛法沒有被如實修持，它就可能成為墮入下三道之因。」

學生：在座上修法期間認識心性似乎不是那麼困難，它純粹是記得去認識心性的問題。然而，把認識心性融入日常生活之中，似乎就變得困難了。這是不是指「精進」？

仁波切：「精進」如同我之前所使用的電燈開關的例子。除非你打開開關，否則電燈永遠不會亮起來。當一個人領受直指教導時，上師告訴他認識心性的方法。沒有這種直指教導，就不會認識心性的面貌。它不會自行發生，就如同電燈永遠不會自行開啟。

我們已經聽到我們不應該忘記心性，不應該失去它的連續性。但這不是硬要我們一再地注視心性，彷彿持續按壓開關來使電燈發亮。認識心性的時刻具有一個自然的持續期間，它有如你拿著一只西藏鈴，你搖它一次，鈴聲就會持續。但它不會永遠持續下去，在某個時候就會消失，但這不表示你必須坐在那裡，持續不斷地搖鈴，「叮！叮！叮！……」。這個例子可以用來比喻坐在那裡一直想：「我不應該散亂，我不應該散亂，我不應該散亂。」這麼做只會製造更多的念頭，那完全是不必要的。

❷五道是通達解脫成就的五個次第，分別是：資糧道、加行道、見道、修道與究竟道（或「無學道」）。

在認識心性的那一刻，你已經看見心性。在看見心性之外，沒有額外的東西需要你去認識。如我所說的：當你指向虛空時，伸出手指的第一個剎那就已經碰觸了虛空，你不必把手指伸得更遠去碰觸虛空。身為初學者，我們確實會忘記心性，而注意你已經忘記心性，注意你的心已經散亂，即是你再度記住心性的方式，然後你就能夠記住不要讓心散亂。我已經解釋「散亂」與「不散亂」之間的差異，對不對？我們現在的工作是去注意自己的心何時散亂了。

當我們注意到自己的心散亂時，便會產生稍微的悔恨感。事實上，從事這種修行的禪修者在心性完全喪失，在完全忘記認識心性的連續性時，他們應該會感到某種悔意。然而，我們不必去助長那種悔恨，只要認識是什麼讓你喪失對心性的認識感到難過即可。老實說，除非我們培養那種注意到自己的心已散亂的感受，否則心就只有散亂，沒有別的。這即是我們所謂的「輪迴的黑暗散亂」（black difussion of samsara），其中只有無明，永遠不會了知心性的真實面貌。對輪迴眾生而言，這種「黑暗的滲透」是持續不斷的。

現在必要的是去認識心性，不對它做任何事情。我們沒有必要去改善已經充滿覺察的空性，不必去調整它或糾正它，它如同生長在山上的一棵樹，沒有人需要特意形塑它，它就這麼地生長。或者，心性的持續性如同一條河川穩定的水流，覺醒如同沿著河床流動的水那般自行繼續下去，沒有人需要把水往下拉，也沒有人需要去推動它，它自行繼續流動。在所有大手印和大圓滿的教導手冊之中，總是重複一句話：「切勿喪失連續性！」那是你修持的方式。

不喪失連續性的方法在於，在認識心性的剎那，不要對它做任何事情。如果試圖去改變或增進你對心性的認識，你就會完全失去它。當你純粹讓它保持「如是」的狀態，即所謂的「自然流動」，它就會持續下去，不會喪失，如同一條自然流動的河川。在我們嘗試對它做一些事情的剎那，它就立即中斷。我們忘記心性的剎那，它也喪失了。在那時，問題純粹在於我們是否記得或注意到自己的心已散亂，然後再一次認識心性。

話說：「非造作的平常心是勝者們的捷徑。」「造作」是指去糾正或改善，去希望或恐懼，去確認或否認，去接受或排斥，不從事這些行為中的任何一種，這即是「非造作」的意義。人們可能會有錯誤的想法，認為本然的空性不是那麼有效或有用：「有另外一種空性，真正的空性，我必須去發掘尋找。」如果你開始懷有那種想法，那就真的困難了，因為那表示除了你已經擁有的心之外，應該還有另一個心。你知道一絲不掛、光身赤裸的意義，對不對？「我需要本覺的狀態，它應該是這樣、這樣，這是我所需要的」這樣的想法，就有如穿上越來越多的衣服。赤裸裸的明覺有如赤裸裸的身體，不嘗試去改善或改變、接受或排斥、確認或否認，也沒有希望或恐懼。就像這樣，你的明覺已經是本然赤裸的。

「非造作的平常心是勝者們的捷徑」，這不表示這目前的心應該被丟棄，某個嶄新的狀態應該突然出現，有如被另一個靈體佔據一般，那根本不會發生。自生的覺醒才是重點。你可以根據陽光而認識太陽，你只要注視陽光的來處，就可以認識太陽。同樣地，如果你認識思惟者的本質，你就認識了本覺。那是為什麼說我們應該觀見心性和認識心性的道理。

你必須認識心性，因為如密續所說的：「大智慧住於身體之中。」一旦身體與心在死亡時分離，大智慧將不再住於身體之中。此時此刻，在這個虛幻身體的城市之中，在這個五蘊的城市之中，有某件非常殊勝的事物，它尚未開始在中陰內掙扎，因為它仍然在這個身體裡，就某方面而言，這個身體束縛了它。這相當好，它在肉身裡，如同一匹野馬綁在木樁上，野馬可以繞著圈圈移動，卻永遠無法逃跑。這個難以駕馭的心在肉身裡，無法突然出走，就此而言，這個肉身非常有用處。一旦我們死亡，它就有如野馬的拴繩斷了，野馬將會在山谷間不羈地四處奔跑，我們將無法輕易地抓住牠。

當身與心在一起時，我們需要認識心性。目前我們認識本覺幾秒鐘，不表示我們已經解脫，但是自死亡之後，當身與心分離時，據說認識心性與解脫自在將同時發生。瑜伽士脫離身體的桎梏，據說有如大鵬金翅鳥從蛋中孵化而出。但是如果我們活在這個身體裡時，不去修持認識心性，那麼，當身體與心分離時，我們將無法認識本覺。沒有認識心性的經驗，沒有圓滿對心性的認識而獲得穩定的認識，就肯定不會解脫。

如果你具有足夠的修持，徹底而完整地認識本覺，並且獲得某種程度的穩定性，例如持續二十或三十分鐘，你將會在中陰有所成就，即使你尚未證得日日夜夜完全竭盡迷妄的正等正覺，這一點仍然是毫無疑問的。否則，中陰就會是一個可怕的處所，你會覺得有四個恐怖的敵人（四大元素）在你身後追趕，在你前面則有貪、瞋、痴三大無底深淵。「貪」如同落入一個廣大無邊的汪洋；「瞋」如同掉入一個無底洞；「痴」如同深陷一個巨大的黑暗之中。你只差一步就會落入這三個深淵，而身後則有四個可怕的敵人。中陰不是一個好玩的地方！

當我們在中陰體驗到地元素時，它有如即將在你身後崩塌的山；水元素感覺像是一個巨大汪洋的潮水向你而來；火元素有如一整座燃燒的山巒；風元素則像你對一隻螞蟻唧打一只風箱，螞蟻無力地被風吹走。此時此刻，這個身體由五大元素構成，但是在中陰狀態，這五大元素則生起為敵人，或者它至少看起來是那個樣子。但是如果能夠認識心性，那麼你就會自然而然地把五蘊視為五智，而五大元素則顯現為五位佛母，這是為什麼身體被稱為「勝者們的壇城」的原因。如果你沒有認識心性，它們看起來是你的敵人；如果你認識心性，它們就是你的助手。

我們只需要知道一件事情，有一句話說：「如果空性是好的，一切都是好的，如果空性不好，一切都不好。」這句話的意思是，如果我們認識空性的狀態，那麼一切都會安好。請你們所有人去修持認識自己心的空性，你不必希望成為一個偉大的學者或偉大的成就者。藉由這個修持，了知心性之「如是」本質，以及了知一切存在事物之本質的兩種智慧，將自然而然地從你的內在開展出來，你無法避免證悟，你也不得不去利益有情眾生。如果能徹底認識這一點，沒有人能夠阻擋你證悟，也沒有人能夠阻止你利益眾生，這兩種智慧將從你的內在滿溢出來。「從內滿溢出來」是指任運展現，全然覺醒。如果能如此修持，即使連一個牧牛人都能夠解脫，而我們全都必須敬重他，向他頂禮。

如果他成為一個成就者，那麼我們全都會搶著要喝他的尿液！

學生：在作夢的狀態下，我們如何認識心性？對我而言，那非常困難。

仁波切：它之所以困難，是因為你沒有足夠的修持，來習慣於認識心性。一個初學者認識心性的時間長度一點也不明顯，因此在睡著時或處於深眠狀態時，要認識心性似乎不可能。在認識心性達到某種程度的穩定性時，這才會成為可能。因為多生多世的牢固習慣，我們總是陷入念頭之中，不論是在白天或晚上，不論是清醒或睡眠。要跨出那種習慣不是那麼容易，只有在清醒狀態時真正習慣於認識心性，我們也才有可能在睡眠期間認識心性。我們已經陷入十二緣起之輪，而十二緣起之輪的根本是無明——根本的無知。深眠時期是無明的附帶面向，真正的無明是不知道自己的本初自性，只要這種無明持續存在，十二緣起就會繼續下去。這就是為什麼在深眠期間不那麼容易認識心性的原因，所以，我們必須先從在白天認識心性著手。如果你能夠在睡眠狀態認識心性，那麼你肯定能夠越過中陰，若要做到這一點，就不需要在睡眠狀態期間持續不斷地認識心性。經典說道：「如果你在睡眠期間認識無二明覺之狀態七次，毫無疑問地，你將在中陰獲得解脫。」

我們尚未認識本覺狀態的一般狀態被稱為「迷妄」，夢的狀態被稱為「雙重的迷妄」。自從無始的生生世世以來，無明的大眠一直持續至今，夜晚是雙重的迷妄，一個迷妄加在另一個迷妄之上。無二明覺維持的期間非常短暫，幾乎立即消失，不是嗎？在其餘的時間之內，也就是在我們清醒狀態的大部分時間之內，我們陷入一個接著一個的迷妄念頭之中，所有的念頭都沒有察覺它們的自性。這是「迷妄心的黑暗散亂」（black difussion of deluded mind）日日夜夜地持續不斷。你在白晝期間勤勉不懈地修持，重複地認識無二明覺狀態之後，就有可能在夜間認識無二明覺狀態。在夢的狀態期間認識無二明覺狀態七次，就能夠保證你可以成功地越過中陰。

以下是如何著手的一個方法。觀想一朵紅色的四瓣蓮花在你的心間，想像你的心以種子字「Ah」（阿）的形式位於這朵蓮花的中央。「Ah」（阿）明亮燦爛，散放光芒。在你從事這個觀想的同時，也認識是什麼在觀想。在讓觀想繼續的同時，認識你的上師所指出的即是本覺狀態，並且自然地讓它保持「如是」的狀態。在那種狀態之中，你輕柔地入睡。這不會在一夕之間發生，我們需要在每天傍晚入睡時如此修持。在入睡時保持這種觀想，在本覺的本然狀態中，也保持這種觀想。

在這個背景脈絡之中，種子字「Ah」（阿）的光芒被稱為「顯明光」（manifest luminosity），我們所認識的本覺被稱為「空明光」（empty luminosity）。如此一來，顯相與空性就雙運了，此即本覺明光。

「Ah」（阿）的光芒是燦亮的白光，如同你打開電燈。由於在西藏沒有電力，因此花瓶內的一盞酥油燈就被當作傳統的意象，這是顯明光的意象。白光是顯明光，而空明光則是空虛心性的本初清淨，請認識這一點。心記住這個燦亮的白色種子字「Ah」（阿）到某個程度，同時了無執著地保持覺察。在這種狀態下入睡。

我們入睡所採取的姿勢稱為「睡獅臥」。採取右臥的睡姿很重要，因為煩惱在其中移動的脈主要都位於身體的右側。我們以身體的右側躺臥，藉以壓制煩惱的流動。當我們壓住煩惱之流通過的脈時，概念上的念頭就減少了。它有如你呼出陳舊的氣息，你不是先從右鼻孔呼氣開始嗎？

肉身被比喻成一座城市——幻身（虛幻身體）的城市。這個身體是一座大城市，其中有那麼多的脈，有那麼多的風息在其中流動——成千上萬條脈，在一個晝夜期間，有兩萬一千六百個風息的動作，有八萬四千種不同的煩惱。這如此大規模的運作有如一座大城市的運作，不是嗎？在這一個身體之內，有多少個微生物呢？我們無法計算。每一個微生物皆有情，因此它真的有如一座大城市。肉身的虛幻城市有如加德滿都！

當我們從事認識心性的修行時，業風之流（概念思惟）自然而然地轉化成為智慧的風息。不淨的脈自然而然地轉化成為智慧的脈，二元分立的心自然而然地轉化成為本初覺醒，這通常被描述為「風息融攝入中脈」。風息的巨大車流透過不同的脈，全都融攝入中脈。

仁波切針對一個學生所解釋的覺受說道：我要稍微逗一逗你。心性是普賢如來，對不對？普賢如來沒有前面，也沒有後背。不論你從哪一個方向看他，他都是圓滿賢善。當從南邊看他，你看見他的臉；從西邊看他，也看見他的臉。你或許從四大方位或四小方位看他，或同時從一個以上的方位看他，你仍然能夠看見他的臉就在前方。不論你從哪一個方向看，普賢如來都沒有前面，也沒有後背。不論你從哪一個方向看他，他都是殊勝的。「普賢」這個字的意義即是「永遠圓滿賢善」（Ever-Excellent）。

事實上，這個比喻指的是本覺。本覺沒有方向，不是嗎？本覺是無所不包、全然開放、廣大無邊的狀態。遍在的開放是本覺的特徵；侷限的狹隘是二元分立的心的特徵。你談到的這個覺受是遍在開放的一個徵相，它是本覺的徵相，它不是侷限、狹隘或限於任何方向的。任何空虛的事物不是一個實體，它都不會侷限於任何方向，它沒有東方、西方、南方或北方。本覺是無限無礙的，它沒有有限的範圍或特定的尺寸，它也沒有一個固定的方向——沒有一個東方的或西方的本覺。

本覺有如虛空——不論你前往哪一個方向，你都無法達到虛空的盡頭。虛空沒有頂端，也沒有底部。你可以在地面挖一個大洞，不論你怎麼挖，都會碰到地底，對不對？虛空不是這樣。你可以在虛空中往下旅行一百萬年，仍然不會到達虛空的底部。這朝向東方（仁波切用他的手碰觸東面的牆壁），我已經在這裡達到了限度。但是你可以從這個方向往虛空旅行十億劫，將永遠無法達到東方的盡頭，或南方、西方或北方的盡頭。四大方位沒有限度，當然四小方位也沒有限度。虛空沒有頂端，也沒有底部，如果沒有限度或盡頭，怎麼能夠有一個中心呢？

試著想像虛空，有虛空之處，就有眾生；有眾生之處，就有煩惱和業；有煩惱和造業之處，就有佛性。這是無礙和無限的一個例子，試著去想像虛空的樣子。無礙與開放是自生覺醒的特徵，那是本覺的特徵；侷限的狹隘是二元分立的心的特徵。這兩者之間的差異不是有如天壤嗎？

這無礙的開放不是心所持有的一個對境，它不是我們能夠想像的事物，它超越念頭的範疇。你聽過報身本尊所居住的天宮，這「天宮」的字義是「無量宮」，是指廣大無邊到無可計量的事物。本尊的宮殿是無量的或無可計量的，意思是指它沒有尺寸，沒有面積，它超越面積，你絕對不會聽到「有量宮」，從來不會有人使用這個字眼。相反地，它完全超越面積。佛心或本覺也超越限度和種類，你無法找到一個固定的參數來測量本覺有多大或多廣大。它沒有種類，這表示本覺不是在一個地方和不在另一個地方，它如同虛空那般超越種類。

本覺也離於禪修者和禪修的對境，禪修的對境是指我們專注的事物，而禪修者則是專注於對境的人，本覺完全了無主體與客體。自生覺醒沒有參考點，也不執著於屬性。這種狀態也被稱為「超越的智慧」，即般若波羅蜜多（prajnaparamita），它是指已經越過二元分立概念之彼岸的智慧。尋常的了解總是在二元分立概念的這一側，尚未超越。「超越」是指超越思惟者和思惟的對境。這即是心性的真實面貌。

我們從未離開這自生覺醒的本質，甚至連一剎那也沒有與其分離。認識它，修持增長那種認識，並且達到穩定的狀態，你就是佛。你的心和自生覺醒從未分離，它們是無別的，有情眾生只是不知道如何去觀看。雖然有情眾生偶爾看見其中空無一物，但是並未了解到這即是他們的自生覺醒。為了認識你的自性，認識你的本然面貌——自生覺醒，就需要了解你的自性是無礙之空覺。如果佛性只是空虛的，那麼它就無法認識它本身，正如同虛空無法看見它本身一般。我們是空虛的覺察，而這種覺察能夠認識心性。

你可以認識你是誰，對嗎？如果你往其他的地方看，你怎麼會知道你是誰？

這有如一個瘋狂的人——一個笨蛋，在加德滿都的市場內迷失了自己。他在市場內跑來跑去，試著尋找他自己，直到某個人指著他說：「你就在這裡，你是你。」他終於注意到他自己，並且說：「喔，是的！」

上師也具有相同的作用，對著弟子指出他的心性。上師說你的心是空覺，認識你自己，你將會看見心性。

它看起來是什麼樣子？

看見「沒有東西可看」即是「見」。「沒有東西可看」即是空虛，而了知「沒有東西可看」則是覺察。空虛與覺察不是兩件分別的事物，它們是無別的。你同意它不是一個可以被看見的東西嗎？事實是，看見心不是一件可以被看見的事物。看見這一點，即是所謂的「大見」（great sight）。如果你談論這一百次、一千次，心性都是相同的：

充滿了知的一味空覺，
乃是你無謬之自性，非造作之本初狀態。
不去改變它，讓它保持「如是」的面貌，
覺醒狀態於此時此刻任運顯現。

請了解這些字句！它們是蓮師所說的話語，源自《智慧心髓次第道》（*Lamrim Yeshe Nyingpo*）[3]，它們顯示真正的含意。無謬自性之見是極為稀有的，有情眾生沒有看見它，即使他們碰巧看見它，他們也不會相信。然而，這是最顯著之見，它不是你需要到其他地方尋找的事物。如果你知道認識心性的方法，並且起而去認識心性，你不是就在同一個時刻栩栩如生地看見了心性，而不需要去想像心性？

有任何事物比這個更殊勝、更容易、更簡單嗎？

錯就錯在它太容易了——那麼容易，以致難以相信，有情眾生難以相信它那麼容易。

當你認識心性時，如果它瞪你一眼，對你揮手；或如果當你說：「喔，它在這裡」，然後它回答：「是的，我的孩子，你找到它了！」你就會相信它，對不對？

認識心性本身是大寂靜，在那個時刻沒有主體和客體。在這之外，我們還需要尋找什麼？

我們真正需要去發現的是「了無具體的事物」，不論多麼努力尋找，我們永遠不會發現心性是一件具體的事物，它甚至連一丁點的具體都沒有。當我們完全了悟這心性時，它常常被描述為「輪涅遍在主」（the all-pervading lord of samsara and nirvana）——一切顯現與存在事物之主。這個「主」純粹就是空覺，完全不具有任何實體。

你對心性的認識越穩定，消融的念頭就越多。然後，你就有可能像過去的大成就者那般如鳥飛過天際，如魚游水，或穿透堅實的物質，那是顯相不實的究竟證明。瑜伽士不是身體非常強壯、力大無窮的眾生，可以用蠻力穿過真實、具體的事物，他們的行為僅僅揭露了一切顯相非真實的事實。實際上，有形的顯相和你夢中的顯相是一樣的。

③《智慧心髓次第道》是蓮花生大士給予的教法，並且為了利益未來的眾生而封藏為伏藏。在蔣揚・欽哲・旺波和秋吉・林巴取出這部伏藏教法之後，蔣貢・康楚・羅卓・泰耶（Jamgön Kongtrül Lodrö Thaye）對其撰寫了一部詳細的論著。英譯本為《智慧之光》（*Light of Wisdom*）。

第十章

各種應用

證悟的狀態以各種不可思議的形式顯現來影響眾生，
我們應該認識，任何出現在我們的覺受之中，
使我們的心轉向認識自性的事物，
不論它是善知識或一個影像，
都是法身佛的化現。

大圓滿的修行法門主要強調的重點在於認識心性，那是主要的用意，有許多不同的儀軌發揮輔助的作用。我將使用《普賢心髓》（*Kunzang Tuktig*）作為一個例子，它牽涉了百尊寂靜、忿怒佛。這個儀軌是一個非常殊勝、深奧的依止，因為寂靜、忿怒本尊的壇城包括了三寶、三根本❶和所有的三身本尊。諸本尊無異於我們本初自性的內在核心，他們常常被描述為自然安住於我們金剛身壇城內的本尊。因此，修持這樣的儀軌讓我們了證自己本初自性的不同面向。

《普賢心髓》修行法門

《普賢心髓》這樣的修行法門不限於閉關，也不限於某段時間。它是一條足夠讓人用一輩子時間修持的道路，它不是我們能夠做完的修行法門，也不是只能坐在禪修蒲團上修持的法門。本尊修行可以在任何情況下，在任何時刻被帶入修行者的生命之中。不論坐著或行走，不論在從事什麼事情，你都可以把這個修行法門帶入其中。不要認為在念誦了固定數量的咒語之後，就應該停止修持這個法門，這種修行法門要持續一輩子。

這個儀軌之所以是如此深奧的依止，即是因為它包含金剛乘修行法門的所有不同面向。《阿底瑜伽》的觀點被包含在這個儀軌法本之內，而儀軌法本則被體現在修行者個人的應用之內。把儀軌法本用於個人的修行，可以積聚大量的功德，清淨大量的障蔽，那是一種極大的幸運。這個儀軌體現《瑪哈瑜伽》密續、《阿努瑜伽》的經典，以及《阿底瑜伽》的教導。一個儀軌通常具有三個基本的部分：前行、正行和結行。

前行——皈依、發菩提心

「前行」包括皈依、發起獲致正等正覺的菩提心等準備次第，繼此之後是驅除障蔽的力量，障蔽的力量有如偷取加持的盜賊。如我之前所說的，這些盜賊可以偷走酥油燈的光輝和供養的燦爛。為了避免這一點，你給予他們一個食子說：「拿著這個食子離開。」對於那些不離開的盜賊，你使用忿怒法來加以驅除。在驅除障蔽的力量之後，你想像一個護輪，在此之後，想像燦爛光輝如陣雨般降下，進入一切顯現和存在的事物之中，進入整個世界和眾生之中。在前行的最後是加持供養，你所擁有的供品以不同的方式倍增、轉化和增益。在這之前的一切都屬於「前行」。

❶三根本是第二個皈依的三個根源（第一個皈依的三個根源為三寶），也是西藏的金剛乘佛教所獨有的。分別是上師，為加持之根本；禪修的本尊，為成就之根本；空行、空行母和護法，為佛行事業之根本。

正行——生起次第與圓滿次第

儀軌的「正行」包括身、語、意的面向。「身」的部分牽涉了生起次第，其中包括觀想本尊之壇城或本尊的範圍，這出自於三種三摩地。我們觀想本尊的壇城出自廣袤無垠之三身，第一身是真如三摩地——法身；明光三摩地是報身的狀態；最後是種子字三摩地——化身。這種壇城和本尊的觀想，被稱為「三昧耶尊」。你進入壇城，迎請來自無相法界狀態的智慧尊。❷你懇請一大群本尊從法界佛土前來，融入你的觀想之中，變得無有分別。藉由迎請，你懇請他們留下來上座；在此之後，你呈獻供養，並且禮讚。

接下來的部分是實現本尊「語」，即持誦的階段，修行者持誦本尊之心咒。修行者在念誦咒語時，應該注意「持咒的發心」（recitation intent）。它總共具有四個面向——親近（approach）、全然親近（full approach）、成就（accomplishment）和大成就（great accomplishment）四種持咒發心。第一個面向「親近」被比喻為「星鬘繞月」；第二個面向「全然親近」被比喻為「旋轉的火炬」；第三個面向「成就」被形容為「國王的密使」；第四個面向「大成就」則是「蜂巢破開」，它的另一個面向則和息、增、懷、誅等四種事業有關。這些全都是持咒時的特定觀想層面。

持咒的數量達到一定的數目之後，如果修行者想要積聚大量的功德，那麼修行者可以施行「薈供」（feast offering；梵ganachakra）。「薈」（gana）一字是指功德、供品、修行者和智慧本尊的「聚集」。它也是一種感謝，有如向所有的本尊說「非常感謝你」，感謝他們來臨、停留和賦予成就。在薈供時，修行者通常重複供養和禮讚。傳統上，修行者在領受結合咒語的成就、懺悔曾經犯下的過錯和缺失之後，念誦百字明咒。

如果修行者沒有施行薈供，儀軌會有它自己的圓滿次第版本。這有兩個面向：融攝和重新生起。「融攝」是指任運顯現自本初清淨的本尊和壇城，重新融攝入本初清淨之中。所有任運顯現的功德，全都融攝回到它們原本生起的本初清淨狀態之中。修行者不以無相的狀態停留在那裡，修行者再度生起，但是這次卻以壇城主尊的身相生起。

結行——迴向功德

在保持自身為本尊身的清晰外相的同時，修行者視所見的一切都是本尊身，所聽到的一切都是咒音，顯現在心中的一切都是本初覺醒狀態的展現。在圓滿儀軌之後，修行者仍然要持續修持。在保持這種修行的同時，修行者迴向功德、祈願和念誦吉祥偈。這種「融攝」和「重新生起」兩個面向結合在一起的目的，便是在根除常見和斷見這二種極端的見解（二邊）。

❷一般稱所觀想的本尊為「三昧耶尊」，而被迎請進入三昧耶尊的真正本尊，則稱為「智慧尊」。

看見事物真實面貌的練習

這種修行方法和修行的順序非常深奧，在修行者修法期間，一部儀軌包含了三內密續的所有意義。這是看見事物真實面貌的一種練習，也是提醒我們一切顯現和存在的事物都是本初清淨的壇城，所以金剛乘才被稱為「究竟迅捷之道」。

諸佛根據不同種類聞法者的需要，而以各種不同的方式傳法。當聞法者具有聲聞或緣覺的心態時，佛不可能會教導他們本尊、咒語和三摩地等三大原則。佛會把這三大原則傳授給大乘的修行者，但只傳授到某種程度，而不是完整傳授，只有甚深金剛乘具有這三者的完整教法。

金剛乘具有兩大面向：外密續和內密續。外密續分為《事部》、《行部》和《瑜伽部》，這三密續也沒有給予完整的教法。《事部密續》在介紹本尊、咒語、三摩地這三大要點時，本尊總是顯得比修行者優越，修行者則是比較低下的凡俗有情眾生，本尊有如國王，而修行者有如臣民。《事部》強調本尊的清淨，《行部密續》的觀點則稍有改變，本尊被視為兄長一般，而不是被視為國王。在《瑜伽部密續》之中，本尊和修行者之間的關係是平等的，但仍然有二元的分別。

內密續的觀點相當不同。從一開始，一切事物都被視為遍在的清淨。換句話說，這個身體本身是勝者們的壇城；五佛父則是五蘊的清淨本質；五大元素是五佛母；五根、五識和五塵是男、女菩薩；而認識煩惱之清淨本質為六道諸佛的化身品質，也包括在其中。釋迦牟尼佛是此賢劫化身千佛之一，他只住於輪迴六道中的一道。六道輪迴之一切諸佛都包括在四十二寂靜本尊的壇城之中。

此時此刻，即使我們沒有修持儀軌，這四十二寂靜本尊的壇城就已經在我們的心中。而這些本尊的忿怒相，也都呈現在我們頭顱內的「骨宮」（bone mansion）之中。在我們的喉輪，是清淨持明者（vidyadhara）❸及其明妃的壇城。在我們臍輪的是金剛瑜伽女。在我們密輪的是普巴金剛，不只有普巴金剛這一個本尊，他也被七十四眷屬壇城環繞，其中包括食人者、殺人魔、諸子（the Sons）和舞者等。

所有這些本尊都如太陽所散放出來的光芒那般顯現，從法身的光芒中，顯現出報身，從報身的光芒之中，生起利益眾生的化身。人身的壇城基本上是勝者們目前的壇城，藉由修持單一一個儀軌的法門，修行者可以清淨大量到不可思議程度的惡業和障蔽。這是金剛乘非凡的功德。

金剛乘的特徵在於它具有眾多的法門，而且困難較少，適合根器最敏銳的人，這是金剛乘非比尋常的原因。當我們把所有深廣的原則精簡濃縮成為基本的原則時，一切本尊的所有壇城都被包括在空虛與覺察的無別雙運之中。把它當做主要的原則來修持，將能夠使你成就等同於一切諸佛的狀態。

❸「持明者」（vidyadhara）或「持覺者」是透過咒乘而獲致了悟的人，他們通常被尊為已達本尊的地位。

我們凡俗的覺受是由心和對境（心和現象）兩個基本的面向所構成。心是作者（doer），在本質上是普賢佛父；對境是行為（deed），在本質上是普賢佛母。「作者」與「所作之行為」這兩者代表覺受與空性之無二。那種「無二」本身，即是所有密續本尊之主要來源或根本。

我們所見、所覺知的一切事物，都具有本尊的本質，「一切顯相皆本尊」；我們所聽到的一切音聲，都具有咒語的本質；心的所有活動都具有覺醒狀態（三摩地）的本質。我們使用儀軌的修持來提醒這個事實，讓自己認識事物的真實面貌。這是金剛乘的主要原則。

這種把色相、音聲和心的活動視為本尊、咒語和三摩地的方法，是用外在的方式來描述、連結事物。而於內在，我們把焦點放在認識無別空覺的正行上，而無別的空覺是覺醒狀態之三身。最後，我們在修持生起次第與圓滿次第時，不再有任何內與外的分別，沒有本尊、咒語、三摩地在一邊，認識心性為三身在另一邊的區別。這是金剛乘另一個特殊的特質。

四大門

金剛乘也以手印、供養、持咒和三摩地等「四大門」為代表。在傳統上，人們對這「四大門」的描述如下：

言詞語門提醒究竟義，
咒語密門喚請三昧耶，
三摩地心門專注一境，
手印戲門連結印與義。

這「四大門」極為重要。當你看見了知這「四大門」的人能夠加以展現或應用時，它看起來就很像小孩子的戲耍。這些人擺動雙手、在空中移動物品、唱誦不同的曲調和咒語、穿著戲服等等，所有這一切可能看起來完全是造作的。有些人覺得它非常膚淺而離譜，可能會抱怨說：「只有認識心性才是真材實料，才是真正的佛法修行。」這麼說的人對金剛乘欠缺真正的了解，因為所有這四門都意義深遠而重要，絕對不要認為它們毫無意義。話說，如果三瑜伽（三內密續）與旋律曲調分離時，金剛乘的傳統將逐漸式微，而後消失。

我們或許會納悶，修持儀軌有什麼用處，有什麼利益？大聲念出字句這個動作，可以提醒我們本尊、咒語和三摩地偉大自生的壇城。簡而言之，儀軌修持是一種非常實際而簡單的方法，可以用來體現內密續的意義。

問與答

學生：有沒有一個不複雜、可以修持單一一個本尊的方法？

仁波切：金剛薩埵包含了所有的本尊；金剛薩埵的百字明咒包含了所有的咒語；讓心保持本然、非造作的狀態，即是體現了所有種類的三摩地。話說，金剛薩埵是所有本尊的本質，金剛薩埵的體性包含了所有無量無邊的寂靜、忿怒諸佛。這有如天空中的一個月亮可以同時映現在十萬個水面上，所有的影像都源自相同的化現基礎。當水從不同的容器消失時，影像不會被遺留下來，它們都被它們的源頭重新吸收回去，不留痕跡。同樣地，所有其他本尊消融時，都被融攝在金剛薩埵的體性之中。

化現和化現基礎之間的關係就像這個樣子。報身從法身展現為五佛部，以及無數無量的寂靜本尊、忿怒本尊和半忿怒本尊。諸佛化現的身相有各種不同的種類，其化現的方法也各有不同，沒有一定數量。諸佛為了「他們自己」而證得法身，並且僅僅為了其他眾生的利益而展現各種色身（rupakaya）——報身和化身的有形色身。他們化現為不同的身相，僅僅是為了幫助尚未認識自性，而繼續在輪迴中流轉的有情眾生。諸佛、菩薩出於善巧方便，以各種適當的身相，藉以影響迷妄的有情眾生。證悟的狀態是指他們所有個人的目標都已經完全成就，再也沒有什麼要去達成或成就的，因此他們所從事的任何事業都是為了利益他人。

這些空性和慈悲雙運的本尊並沒有為了獲得個人的快樂，而棄輪迴於不顧。他們也沒有關上大門，獨自在家中享樂。他們並沒有為了自己的緣故而以特定的轉世出現在這個世界，藉以實現自己未竟的工作，他們已經完全成就個人的目標。諸佛、菩薩所從事的唯一事業，即是利益眾生，他們完全沒有任何自私自利的目標。出於對流轉於輪迴的無量眾生的慈悲，諸佛、菩薩的無限化身和再化身出自善巧方便而顯現。我們絕對不應認為諸佛、菩薩是因為不安於室，而想出外走走，是為了自己的歡悅和娛樂，而化現為各種不同的身相。

我們這些有情眾生全都具有佛性，我們的自性即是佛性，這種自性和普賢如來的化現基礎是一模一樣的。化現的基礎是法身；化現本身是報身和化身。報身是由虹光所構成，一般人無法覺知報身，但是卻能夠覺知化身。人身的化身被形容為「由六大元素構成的金剛身」，換句話說，這種化身是任何人都可以看見的有形身體，不論那個人具有的是清淨或不淨的覺受。舉例來說，當釋迦牟尼佛住世時，每個眾生都看得見他——豬、狗和人都看得見他，他不是只有證得崇高果位的菩薩才能夠看得見的報身相。化現的基礎有如虛空，而從中化現出來的，則如同天空中的彩虹。

法身的狀態是我們的自性，但是當想到法身佛普賢如來時，我們仍然認為他是「高高在上」，「降下世間」來傳授教法。然而，我們的心性（佛性本身）即是法身佛，由於我們沒有認識到這個事實，因此法身必須以有形可見的身相展現，使我們能夠了解自性的真實面貌。因此，法身以像釋迦牟尼佛的身相顯現，釋迦牟尼教導我們：「認識你的心！這是你的自性的真貌！」他解釋什麼是佛性。出於不可思議的慈悲和善巧方便，諸佛出現在世間，帶領我們走上正確的修道。為了重複解說，諸佛化現為無量無邊的本尊和大師，教導我們的自性和法身佛普賢如來的佛性沒有任何差別。佛陀以具足各種大人相和隨形好❹的人身示現，為我們揭顯真實的意義。

由於我們無法自行了知自性，於是佛化現世間，教導我們如何認識自性。普賢如來是一切眾生的本性，我們可以重複地說自己就是普賢如來，但是如果沒有真正地了證，這種叨叨絮絮對我們沒有真正的幫助。藉由善巧方便和慈悲，諸佛教導我們「我『是』普賢如來」這個事實，由於我們無法自行了悟這一點，因此諸佛教授大圓滿和大手印。當每個眾生具備的佛性，以藍色的佛相出現於我們的外在時，我們的佛性就稱為「法身佛普賢如來」；當它被描述為每個眾生都具備的本性時，它純粹就稱為「佛性」。

由於我們無法全都見到普賢如來，報身於是出現，然後在我們這個賢劫，釋迦牟尼佛住世，傳授教法。因為我不知道「我是普賢如來」，因此釋迦牟尼佛必須以導師的身分前來，向我介紹「我是普賢如來」這個事實。實際上，世尊導師說：「你是我。我遍在於一切事物、一切虛空、一切世界和一切眾生之中。為了讓你知道你就是我，我要教導你見、修、行。」

佛性（法身）無所不在，即使如此，我們仍然需要了知這種法身的狀態，而沒有導師的支持，我們便無法了知這種法身的狀態。導師之所以化現，是因為有情眾生沒有看見自己的本然面貌，因為他們沒有認識自己的自性。如果有情眾生真的認識這個事實，那麼一切事物都是法身！所以總歸一句話，諸佛必須出現，才能教導眾生什麼是法身的狀態。這些教法包括非凡的金剛乘教法，而且因為金剛乘的教法，我們觀想自己是本尊，我們的言語是咒語，並且讓自己的心安住於三摩地之中。

當我們想像「我是本尊」時，是心在這麼想，它只是一個想法，從事觀想不一定表示我們了知自己的佛性。造作不會製造佛性，我們不是已經具備佛性了嗎？我們無法製造佛性，佛性是任運顯現的。如果你能夠製造法身，那麼你也就能夠製造虛空。在儀軌的背景脈絡之中，我們應該讓自己的本性保持「如是」狀態，而這本性和一切諸佛的本性之間沒有差異。在讓你的心安住於它的本然狀態，三種三摩地自然生起的同時，你只要讀誦儀軌的偈句即可。你只要想著：「我是本尊金剛薩埵，我的語是金剛薩埵的咒語，我的心和金剛薩埵無二無別。」如此安住於非造作的本然狀態之中。

「金剛薩埵是廣大虛空」這句名言所指的是法身，也是指我們的佛性就是真如三摩地的這個事實。密續繼續說道：「如水月般不可執取」，說明報身的狀態，即是明光三摩地的狀態。本尊金剛薩埵從「普賢如來的展現中」生起，他不具自性地顯現。如果金剛薩埵有血有肉，或像石頭和泥土，我們就能抓住他。他不具自性地顯現，有如出現在水中月一般，你能夠抓住映現在水中的月影嗎？金剛薩埵手持金剛杵和鈴，顯示顯空無別，我們無法把顯相和空性兩者分開。最後，在儀軌結束的部分，我們融攝入本尊，然

❹「大人相和隨形好」是指色身圓滿的三十二大人相與八十隨形好。「三十二大人相」意指諸佛之身永遠莊嚴，具有某些非常特定類型的特徵。例如，諸佛所穿戴之衣總是距離身體四指寬；佛身周圍有一圈光輪等。「八十隨形好」近似於三十二大人相，是較不明顯的色身莊嚴特質。

後再度以本尊身相生起，如此可以根除常見與斷見這兩種邪見。

請了解這兩個原則：化現的基礎是法身；化現本身則是報身和化身。金剛薩埵來自法身普賢如來。普賢如來以各種不同的身相顯現，例如不同的上師、本尊、空行母❺（dakini）、空行（daka）❻、護法、財神、財主等等，這些都是普賢如來的展現。普賢如來代表法身的狀態，並且以不同的方式顯現來利益眾生，我們應該認識和感謝這種無量慈心的展現。事實上，不論普賢如來以哪一種身相顯現，無論他以什麼樣的方式展現成佛的狀態，都是他對我們這些覺知者所顯現的大慈。他們為了引導我們而顯現，因為我們是迷妄的，沒有認識自性。他們的顯現全都是為了我們的利益，我們應該認識和感謝這種巨大的慈心。

我們被教導可藉由修持佛法、行善和避免從事不善業，而達到證悟。這完全是因為我們具有這樣的潛能，因為我們的自性很可能是證悟的狀態。黃金礦石經過冶鍊之後，具有生產黃金的潛能，但是一塊木頭沒有這種潛能，因為它不具有黃金的本質。我們具有證悟的能力，因為在本質上，我們的本性是證悟的。為了讓我們認識這個事實，法身以不同的身相顯現，來幫助我們認識自性。證悟的狀態以各種不可思議的形式顯現來影響眾生，我們應該認識，任何出現在我們的覺受之中，使我們的心轉向認識自性的事物，不論它是善知識或一個影像，都是法身佛的化現。這是法身佛示現的無量慈心。

學生：我們如何在一天當中修持佛法？

仁波切：我的伯父桑天・嘉措，也是我的根本上師。他用以下的方式安排一天的修行，我覺得非常方便。他把一天分為四座，第一座是黎明時分，在修完這座法之後用早餐，早餐之後一直到十一點左右稱為「晨座」。這座結束之後，又是用餐和休息的時間，一直到下午一點或兩點。第三座「午座」從下午兩點開始，一直到下午稍晚時才結束，然後又是用餐時間。傍晚那一座修法從黃昏開始，一直持續到就寢的時間。

在早晨醒來時，桑天・嘉措先念誦出自《驅除諸障法》的簡短頌文〈從無明的睡眠中覺醒〉（awaking from the sleep of ignorance）和觀想。桑天・嘉措在清晨四點起床，開始黎明的第一座法，修持一遍完整的前行法。他以《傑尊心髓》（*Chetsün Nyingtik*）⑦和《普賢心髓》的前行法做為主要修持，這兩部法他都熟記在心，所以不是問題。

在把焦點放在正行的本尊修法之前，先完整修持一遍四加行是必要的。這不表示修行者在圓滿前行法之後，就不必再修持前行法。修行者在晨間第一座修法時，總是要先修一遍前行法，而且是從頭到尾做完一次。在西藏，許多偉大的喇嘛終其一生，每天都修一遍前行法。他們不是圓滿前行法就可以畢業了，他們沒有這種態度。同樣地，在修持前行法時，也沒有不可以或不應該修持本尊法的規矩。

❺空行母（dakini）：女性「空行者」，她們體現了空性與智慧的女性本源，同時也扮演著護法的角色。

❻空行（daka）：相對於空行母之男性，與空行母分擔護法的某些任務。

⑦《傑尊心髓》（*Chetsün Nyingtik*）包含無垢友尊者（Vimalamitra）傳授給傑尊・桑給・旺秋（Chetsun Senge Wangchuk）大師的大圓滿教法。這部教法由蔣揚・欽哲・旺波取出。

從「晨座」開始，桑天・嘉措依照《普賢心髓》儀軌修持，這部儀軌他也熟記在心。他會一路念誦儀軌到持誦咒語的部分，然後把大部分的時間用在念誦咒語上。在結束這座修法之前，他會重複作供養和禮讚，修持「融攝」和「重新生起」，最後迴向，持誦吉祥偈。在下午和傍晚的兩座修法，他會再度修持儀軌。由於儀軌非常簡短，所以負擔不重。

桑天・嘉措說，在兩座修法之間加入其他的修法，是很棒的作法。在傍晚，他修施身法。黃昏是修持施身法最好的時機，因為所有的鬼、神和魔羅都在這個時候出來遊走。在白天時，他們不怎麼移動。在《驅除諸障法》裡，有短短一頁的施身法，非常精簡，但效果很大。

在早晨，他也修煙供。在《驅除諸障法》裡，有一個非常好的煙供法，從「無生之本初清淨……」開始。桑天・嘉措也從事食子供養，這也是《驅除諸障法》的另一個修法。對不幸的靈體和餓鬼施行食子供養，可以為他們帶來一些利益，並供給他們食物。修行者可以在早餐之前修這個法，它也非常簡短。你需要一個小食子，倒一些水，持誦一些咒語和一首四句偈。

在午座修法結束時，他會修持一個補懺儀軌。你可以選擇長度適合自己的祈願文，加上供養護法，例如大圓滿教法的三大護法（Maza Damsum）⑧，或你通常修持的護法，這應該在下午稍晚時修持。最後一座修法結束、入睡時，他修持「沈睡明光」（luminosity of deep sleep）。

修行者應該試著應用明光的教導，其字面意指「捉住沉睡明光」。這聽起來好像不是一般人能夠做得到的，但事實不是如此。這純粹是修學的問題，任何修持這「捉住沉睡明光」的人，將能夠認識「沉睡明光」。藉由遵循如何在本覺狀態中入睡的口訣教導，你將會慢慢地越來越習慣在睡眠期間認識本覺狀態。修行者懷著為了利益一切眾生而證悟的發心入睡，並且結合觀想，安住於本覺之中。隨著你從事越來越多的修持，善的徵兆將會出現，你對這種修持所懷有的疑慮將會減退。你會從內心生起越來越多的信心。這點非常重要。

當然，不論在任何情況下，桑天．嘉措都會修持「立斷」法，這法不會被忽略。在任何時候，不論你是在座上或座下，這都是最重要的修持。他主要在早晨和傍晚、黎明和黃昏修持「頓超」法。我的伯父利用一天中每個時段將修行的各種面向包含、融合。

學生：如果你必須工作，你要如何安排從早晨到傍晚的修持？

仁波切：我覺得有一種安排方法很實用。在早晨，你開始修持儀軌，一直到念誦咒語的部分，這時按照自己的情況儘量持咒。之後，你立即開始從事日常工作，但不要把儀軌丟在腦後。在一天結束之後，再度坐下來持咒，重複作供養、禮讚和清淨業障的咒語。

⑧三大護法（Maza Damsum）是指大圓滿教法的三大護法：一髻佛母（Ekajati）、羅睺羅（Rahula）和金剛善（Vajra Sadhu）。

在此之後，圓滿儀軌的結行。如此一來，你的一整天都是儀軌的一部分，這點非常重要。修行者不應認為只有坐在法桌旁時才是修行，相反地，修行者盡可能時常地提醒自己，這即是修持。這才是真正重要的部分。

修行不只是持咒和觀想，它是認識心性，你不應認為認識心性只限於坐在禪修蒲團上。修行可以在行走、談話、用餐、工作等時候進行，但這些活動是否能夠成為修行，取決於你是否能夠提醒自己認識心性。你應該努力這麼做，因為這才是真正重要的事物。從你在早晨醒來一直到一天結束，你應該盡可能地認識本覺的狀態。如果有空檔，你可以持咒；如果沒有機會這麼做，有其他的事情要完成，那就去處理事情。但是在做事情時，一再提醒自己去認識心性，持續保持心的本然狀態，這才是真正必要的。我鼓勵你們採取這樣的方式去修行。

第十一章

遍在的清淨

一切事物皆是遍在的清淨，這是金剛乘的觀點，
這種方法不是想像、捏造某種事物，
或把「非」想成「是」，
金剛乘完全不是那樣。

雖然金剛乘和大乘的目標是相同的，但是金剛乘遠比大乘甚深，因為金剛乘提供如此眾多的法門，這些法門包括觀想寂靜尊和忿怒尊、供養和禮讚、念誦咒語、散放和融攝光芒等各種不同的程序。金剛乘的困難少，專門針對較高根器的人而設計。這就是為什麼金剛乘特別崇高的原因。

「圓滿三席」的面向

我們應該了解，金剛乘不是某種發明技巧的巧妙系統。寂靜尊和忿怒尊的本質展現為我們身與心的造作，展現為五蘊、五大元素和五根的本性。這些本尊也被稱為「圓滿三席」（three seats of completeness）。這三席指的是：佛父、佛母為五蘊和五大元素，男、女菩薩為五根，男、女守門為「時」（times）與「信」（beliefs）。他們就是「圓滿三席灌頂諸本尊之主」（Vajra Samaya，班雜・薩瑪雅）這句話裡所說的「圓滿三席」。在《瑪哈瑜伽》的修行法門之中，所迎請的就是這「圓滿三席」，但是它真正的意義是指我們當下狀態的清淨面向。

第一席是指五蘊和五大元素為五部佛父和五部佛母。不動佛是識蘊的本然清淨，色蘊是毘盧遮那佛，受蘊是寶生佛，想蘊是阿彌陀佛，行蘊是不空成就佛。地大是佛眼佛母（Lochana），水大是金剛佛母（Mamaki），火大是白衣佛母（Pandara Vasini），風大是三昧耶度母（Samaya Tara），空大是法界自在佛母（Dhatvishvari）。

第二席是感覺根基的八大男菩薩，及其相對應之對境的八大女菩薩。

第三席是指行為和感官，有時候被形容為圓滿之男、女忿怒守門，有時被形容為「四信」（四種信仰）和「四時」（四種時間）的本然清淨。四大男守門分別是甘露漩明王（Amrita Kundali）、馬頭明王（Hayagriva）、不動明王（Achala）和尊勝明王（Vijaya）。「四信」是恆常、空無、自我和概念等四種見解。「空無」的見解是指「完全沒有東西」，「自我」是指想著「我」，「概念」是指「土是土、水是水」等等。四大女守門是過去、現在、未來和無定時等「四時」。「四信」是行為的力量，「四時」是業的力量。

第三席有其他的詮釋。因為密續涵蓋的內容非常廣大，因此這些本尊能夠以不同的方式組合。你可以在《密續祕密藏》（*Guhyagarbha Tantra*，或《續部幻網經》）及其廣泛的釋論中，找到所有的細節。但是，我剛剛提到的即是大致的內容。

本尊真的存在嗎？

這如何對我們起作用呢？在某個時候，我們的身體會死亡，我們的真如智慧（thatness wisdom，我們的真正本性）將往外展現。藉由修持而了證我們身體的本尊，肯定具有利益，因為在死亡時，這些本尊的身相將會在中陰展現。此外，當我們修持「頓超」，並且逐漸進入「四相」（four visions）❶時，這些本尊也會顯現。

有些人認為，本尊是某個人發明出來的，並非真正存在。相反地，我們無法聲稱這些寂靜尊和忿怒尊不存在，因為一部密續說道：「本覺住於光明宮。」本覺是指本初清淨，無別於它自己任運顯現的「光明宮」。這是顯現為色身的法身，即由報身和化身構成的色身。法身是超越造作的本初清淨，色身是指任運顯現、無別於本初清淨的本尊身相。不是沒有任何本尊，本尊是本初清淨和任運顯現之雙運。

所以，本覺的覺醒狀態居住在光明宮之中，本尊們則從此宮顯現出來。雖然本尊們是從我們的自性顯現出來的，但是我們仍然把他們觀想為來自外界的眾生，這是金剛乘的善巧法門之一，也是根器最敏銳者的迅捷之道。我們的本初狀態不像自然界的空間那般完全是空的，沒有什麼要去完成。我們可以了證本尊，因為本尊是我們自己的光明。圓滿次第的目的即是了證本初清淨，生起次第則是了證任運顯現。在金剛乘之中，一般人和金剛乘修行者之間的差異，即在於生起次第和圓滿次第的修持，一般人沒有生起次第或圓滿次第的修持。就這一點來說，他們和牛之間沒有太大的差別。在面臨死亡時，熟悉金剛乘這兩種甚深次第的人，將會有大利益。

讓我重複這個重點：生起次第是任運顯現，圓滿次第是本初清淨。此處的重點在於，任運顯現和本初清淨是無別的。我們的身體是佛的壇城，這就是為什麼根器最敏銳的人能夠生起本尊、了證本尊的原因，修持儀軌即是結合這兩種甚深教法的方式。我們要了解，《瑪哈瑜伽密續》包含在《阿努瑜伽》的經典之中，《阿努瑜伽》包含在《阿底瑜伽》之中，而《阿底瑜伽》則包含在儀軌修持之中，儀軌本身包含在你的實修之中。這就是為什麼你能夠藉由儀軌修持，迅速圓滿積聚資糧和清淨障蔽的原因。即使是一本簡短的儀軌，也包含了甚深金剛乘系統的所有重點，讓我們能夠相應修持。即使只有幾頁的儀軌，也包含非常重要而深奧的事物。

我們都能夠實際體驗到諸佛的身、語、意和眾生的身、語、意。佛之三身（本質、本性和能力等三金剛）是我們的佛性本具的面向，這是它們和一切有情眾生身、語、意的連結基礎，這種連結是不可否認的。沒有這三者，就沒有佛的壇城；沒有身、語、意，那就什麼都沒有。然而，它們完完整整地包含在五蘊、五大元素和五根之中。

修行者也可能把焦點放在某種虛無之上，而堅稱什麼都不存在，但那是不實而無用的。了解這個原則非常重要，如果我們的本初自性是空無的，那麼什麼都不會發生：我

❶「四相」（four visions）是大圓滿法的「頓超」法修行中的四種接續階段：（一）現見法性；（二）證悟增長；（三）明智如量；（四）法性遍盡。

們會像空虛的虛空一樣，什麼都體驗不到，但事實並非如此。因此，認識「如是」實相的方法，即是甚深迅捷之金剛乘修道的善巧方便。我們運用法門來了證這一點，它是非常重要的。

一切事物皆是遍在的清淨，這是金剛乘的觀點，這種方法不是想像、捏造某種事物，或把「非」想成「是」，金剛乘完全不是那樣。事實上，一切顯現和存在的事物都是遍在的清淨。我們真的應該了解，萬事萬物、所有的世界體系、所有眾生等一切顯現和存在的事物（意指「覺知者」和「被覺知者」），全都源自三身的領域。所有的事物都起源於三身，在三身的領域內生起，然後再度返回消融於三身的領域，這即是「遍在清淨」的意義。這不是去相信某件不真實的事物，不是把木頭想成黃金。把黃金視為黃金，這即是了知「如是」的面貌。

一旦我們進入金剛乘的修道，修持遍在清淨就是修持真如道。佛陀從一開始就清楚了知生起次第和圓滿次第，這兩個次第是金剛乘的意義。經典的系統之所以沒有提及「遍在清淨」，是因為這不適合那種類型的個人觀點。這是佛陀沒有在佛經中教導「遍在清淨」的唯一理由，而不是因為某些教法勝過其他的教法。

如果人們不知道事物的「如是」面貌，不知道事物是遍在的清淨，那麼人們會認為土只是土、火只是火、水只是水。從一開始，大門就被偏見封住了。一切事物與遍在的清淨是一致的，都在廣袤無邊的三身內生、住、滅。

開展三三摩地

如果你必須想像自己現在修持的生起次第，那麼這種生起次第仍然只是一種模仿。你模仿地想著：「這是真如三摩地，這是心性，它相對應於法身。報身從法身開展出來，那即是明光三摩地，本然覺察的面向。兩者無別即是種子字三摩地，即慈悲的化身，化身從空性與慈悲的雙運中生起。」

不論我們生起真正的或模仿的生起次第，在修行之初，我們需要「開展三種三摩地的結構」；然後，開展「能依和所依」——宮殿和本尊；漸漸地，我們會越來越習慣這種修行方式。在儀軌的末尾，我們要把原本開展的事物——融攝回去，化身的面向融攝入報身，報身返回消融於法身非造作的領域。一切都消融之後，又再度生起。「融攝」和「重新生起」這兩個階段的目的在於摧毀常、斷兩種邪見。它們消除了相信一切事物恆常不變的「常見」習氣，也消除了一切事物都不存在的「斷見」習氣。

擁有金剛乘的觀點是非常重要的。金剛乘（Vajrayana）一詞的字義是指「金剛車乘」（vajra vehicle），「金剛」有「不變」、「不可摧毀」之意。對一般的修行者而言，生起次第有如實物的仿製品、面具或畫像，它有如掛在我牆壁上的蓮師畫像，那不是真正的蓮師本人，因為他住在吉祥銅色山淨土。但是，這看起來像他，不是嗎？同樣地，一般的生起次第是真正的生起次第的相似品或模仿。雖然它是類似品，而不是真品，但它也不完全是虛假的，因為生起次第是看見事物真實面貌的有效練習，而不是把事物看成其他的東西。圓滿次第是真正的事物，是見地，是本然的狀態。

修持無二無別之生起次第和圓滿次第，具有不可思議的深刻意義。有情眾生時時體驗不淨的現象，為了把不淨的現象轉變成為清淨現象的覺受，我們修持生起次第。生起次第的基礎是圓滿次第，是法身的了證，是見地。當色身再度融攝入法身，即是果，色身住於法界。這是生起次第和圓滿次第雙運的甚深意義。

在念誦儀軌的字句時，我們進入種子字三摩地。本尊的壇城從種子字三摩地開展出來，這也是一切事物真實的面貌。就我們的修行而言，種子字三摩地是心創造出來的，但是我們的心之所以創造種子字三摩地，是因為從一開始，一切顯現和存在的事物皆是佛的壇城。金剛乘的修持在於了悟事物的「如是」面貌，即所有顯現和存在的事物都是佛的壇城。這是我們修持儀軌的原因。

新譯派擁有相同的基本意義，和舊譯派之間沒有任何差異。在寧瑪派（舊譯派）之中，有《瑪哈瑜伽》、《阿努瑜伽》和《阿底瑜伽》等三內密續，薩瑪派（新譯派）有《母續》、《父續》和《無二續》，以及他們最精華和最祕密的精要續。這些層次包括時輪金剛（Kalachakra）、喜金剛（Hevajra）、密集金剛（Guhyasamaja）、勝樂金剛（Chakrasamvara）和大幻化金剛（Mahamaya）等密續和本尊。本尊們或許有不同的名號，但是他們在基本原則上是沒有差異的。

修持儀軌，淨化串習和迷惑

所有儀軌都具有類似一切事物生、住、滅方式的主要架構。所有實相都從三身開展，法身了無造作；報身有如彩虹，具有大人相、隨形好；化身以金剛身的形式顯現，具有六大元素。這三身依序從前者展開（譯按：報身從法身展開，化身從報身展開），然後以相反地順序融攝。

圓滿次第是起源，生起次第的修道是修持了知事物的「如是」面貌。從一開始，我們就必須與此相契合。首先，佛土從空性中生起，天宮位於佛土的中央。我們觀想在天宮中有主尊本尊，以及主尊本尊的寂靜尊和忿怒尊眷眾。他們如同太陽和太陽散放出來的光芒。

在觀想本尊眾（他們是三昧耶尊）的細節之後，他們受到所有證悟者身、語、意三金剛的封印，並且分別以「Om・Ah・Hung」（嗡・阿・吽）為誌。然後，在你說「Om Hung Tram Hrih Ah」（嗡・吽・章・舍・阿）時，本尊們接受五佛部的加冠和灌頂。接著，我們迎請智慧尊從法界佛土密嚴淨土（Akanishtha）降臨。「本尊即我，我即本尊」，它是相同的意義，本尊們無別地融入自身。我們念誦一句咒語，請求本尊降臨入座。這句咒語的意義是：「藉由四無量心，請無別地住留。」這通常和「Jah Hung Bam Ho」（雜・吽・磅・霍）、「Kaya Vaka」（卡亞・瓦卡）之類的咒語合誦。

接著，我們從事「意供養」。由於在這種壇城中沒有二元分立，行供養者是他本身的化現，回過來向自己行自供養。在天道的某些部分，情況確實如此。舉例來說，魔羅之首噶惹．旺秋（Garab Wangchuk）居住的他化自在天，那裡的天眾用意念製造感官歡樂來享受。接著他們把這些歡樂消融，然後讓它們再度展現。修行者可以用這樣的方式，化現出無數無量的供養天女，攜帶各種不同的感官欲樂。繼供養之後，則是禮讚。這有如為了清淨世俗的串習而邀請一位重要的人物前來，筵席款待，奉承、取悅他之後，再提出你要求。這種供養是為了達到「身」的成就。

其次，是藉由持誦咒語而達到「語」的成就。在傳統上，持咒具有四種面向：親近、全然親近、成就和大成就。藉由這四種親近和成就的意義，修行者可以成就一切。

在持咒之後，修行者可以加入薈供來修補違犯三昧耶的過失，重新連結和彌補與本尊之間的關係。此外，修行者也向護法呈獻食子，特別護法壓制邪惡的力量。繁複的儀軌也包括「馬頭明王三鳴」（the threefold neigh of Hayagriva），即在薈供之後的馬舞（horse-dance）。「馬頭明王的三鳴」顯示覺醒心的究竟狀態，被形容為「解脫三門」，完全超越過去、現在和未來的造作。「三鳴」能究竟平息所有邪惡的力量，防止它們造成這種了證的障礙和失敗。

儀軌最後一部分是「融攝」和「重新生起」。正如同一切事物從三身生起，整個壇城再度返回消融於三身。壇城逐漸融攝入天宮，天宮融攝入諸本尊，環繞的眷眾融攝入中央的主尊，主尊融攝入心間的種子字，最後種子字也消融，而你則安住在非造作的空性之中。然後，你再度以本尊的身相展現，從事日常活動。在結束這座修法之前，你念誦迴向文、祈願文和吉祥偈。

總而言之，這些儀軌修持的主要部分是非常深奧的。我們藉由這些修持來淨化串習和迷妄，遍在清淨是事物真正的本質。勝者們的身、語、意普遍存在於輪迴、涅槃的一切事物和法道之中，有情眾生只是暫時不知道這個事實，他們把清淨概念化為不淨，並且為清淨貼上「不淨」的標籤。本初清淨是事物的真正本質，從一開始就是清淨的，而且原本就是證悟的。

生起次第的真義

本初清淨完全沒有任何的不淨，那是遍在的清淨。問題在於，我們犯了沒有認識心性的錯誤，有情眾生只是暫時沒有認識心性。一旦太陽開始照耀黑暗的處所，黑暗就不復存在。輪迴和涅槃的一切，所有的存在和寂靜，都是大清淨。這是為什麼金剛乘如此甚深的原因。

新譯派、舊譯派對「什麼是本尊」的看法之間沒有任何差異。沒有一個本尊不包含在金剛部、寶部、蓮花部、事業部和佛部等五佛部之內，唯有個別的傳統有所不同。成就本尊是根本的目標。

如果我們不知道心性，生起次第基本上就受到阻礙。了解金剛乘的基本原則是非常重要的，為了成就本尊，我們必須知道自己要成就的本尊的本質，這稱為「認識要成就的本尊」。本尊的名號、顏色和特徵可能有所不同，但是本尊事實上都是本初清淨和任運顯現之雙運。如此一來，生起次第和圓滿次第就包含在「立斷」和「頓超」二法中。

如果沒有認識心性，生起次第的修持有如砌磚，變成一種費力的工作！這是最重要的。如果你知道什麼是「如是」，那麼極大量的惡行和障礙都可透過這種修持而淨化，這是淨觀之道。我們要了知起源，所有的世界和眾生都是從廣袤無垠的三身中生起，三身不在那邊，它們遍及一切。如果我們不知道這一點，那就像砌磚，一次砌一塊磚，或者它只是幻想，只是一種想像的行為。我們真正必須要做的是，以開展真如三摩地為起始，而心性即是真正的真如三摩地。

除非你了解「遍在清淨」的意義，否則生起次第會變得過分單純化。你坐在那裡想像什麼都沒有，想像一切皆空性。然後，你努力去想像現在有一個壇城，並且運用想像力，一步步地建立壇城。這樣的修持是建立在物質的觀點上，類似建造一座豪宅，邀請一群俊美的富人，本尊們都有手、腳、臉，穿著特別的絲衣。為了取悅他們，你端出各種珍奇的供品，恭維奉承，讓他們感到歡喜。然後，他們給你某種事物當作回報。這是某些人對生起次第的了解。

我們需要對生起次第有更深的了解，老實說，了解「遍在清淨」是唯一的辦法。五大元素是佛母，五蘊是佛父，這就是為什麼我要一再地說明，「遍在清淨」是我們要了解的主要重點。我不斷地重複這個要點，因為了解本初清淨是如此的重要。一切事物都具有本初清淨的本質，這不是透過修行而達到的事物，它揭露事物真實的初始面貌，而在此時此刻，一切有情眾生的心都是覺受和空性的雙運。這正是普賢如來和普賢佛母的雙運。

「毘盧遮那佛」這名號的意思是「化現之相」（manifest form），是指可覺知的色相的所有覺受。五蘊所體驗的色相，無別於空性本身，這種本質即稱為「毘盧遮那佛」。「語」是阿彌陀佛，意思是「半化現者」（semi-manifest），例如聲音和溝通，也無別於空性。「意」是不動佛，意思是「不可動搖」。覺察的本質——識蘊，也無別於空性。同樣地，所有的功德是寶生佛，所有的事業和互動的本質是不空成就佛。

雖然「蘊」是指由許多部分組成的一堆或一團東西，但是五蘊全都具有相同的本質——五方佛，五大元素也是如此。世界上的每一件事物都是由五大元素所構成，因此，五佛母是一切事物的本質。如此一來，我們無法找到任何不是五佛父和五佛母的壇城的事物。這就是「遍在清淨」的意義，我們必須仔細注意和了解它，因為沒有一件事物不是遍在的清淨。這是生起次第的真正意義。

對於宮殿、嚴飾、供養佳餚等事物所產生的過份簡單化的觀點，完全和世人的串習相互連結。具有虹身的本尊沒有任何遠近的概念，也不會因為受到讚美而欣喜。我們完全是為了自身的利益而行供養等等，藉以積聚資糧、淨化惡業和串習。我們應該清楚地了解金剛乘的甚深意義。

請完全了解這個修行的原則！如果我們用唯物的方法去修持生起次第，不會有太大的效益。那有如一個人觀想自己是大威德金剛（Yamantaka），因為頭上的角太大而無法走出洞穴的出入口。他的上師叫他過去，但他託人帶口信回覆說：「對不起！我出不來！我的頭角卡在洞口。」

儀軌修持的步驟

我再重述一次，儀軌可能分為幾個部分。在正行的部分，修行者建立三種三摩地的基本架構。真如三摩地是本初清淨的意義；明光三摩地是任運顯現的意義；種子字三摩地是化身的面向，是本初清淨和任運顯現的無二無別。這是開始儀軌修持的方法。接著，觀想能依，即天宮的壇城，以及觀想所依，即本尊的壇城。把心專注於所有本尊的細部，並以身、語、意的種子字為本尊們封印。其次，用五佛部的五個種子字為本尊們加冠，並且讓本尊得受本尊灌頂。到此為止，修行者一直觀想的是三昧耶尊。在此之後，迎請智慧尊從法界佛土降臨，為三昧耶尊加持。智慧尊們抵達，無二無別地融入你的自身，如同水融入水一般。

其次，是外供養、內供養和祕密供養。「外供養」是以普賢菩薩供養雲為例；「內供養」是以甘露（amrita）、赤血（rakta）和食子為代表的感官歡樂；「祕密供養」是大樂和空性之雙運。「究竟真如供養」是法界與無二明覺無別之供養。接著，修行者從事禮讚。供養和禮讚都是由自身化現的供養天女執行，她們雙手拿著供品，在進行禮讚時，一邊起舞、結手印，一邊吟唱禮讚文，讚誦寂靜尊和忿怒尊的身、口、意、功德和事業。在結行的部分，供養天女再度融攝入修行者自身。

到此為止，我們已經完成生起次第「身」的面向。接下來是「語」的面向——持誦咒語。持誦的意義不外乎本尊、咒語和三摩地，藉由咒語，我們認識到自己所見的一切都是寂靜尊和忿怒尊的身相；所聽到的一切都是寂靜尊和忿怒尊的聲音——咒音；一切有情眾生的心性都是無概念（無念明覺）的狀態，其本質是無礙的空覺。雖然本尊以各種不可思議的身相顯現，但在本質上，他們和本初虛空和本初覺醒的雙運是一樣的。這完成「語」的面向。

如同我一直重複說的，就生起次第而言，所有的現象、所有的本尊，以及所有在輪迴和涅槃中所顯現和存在的事物，都在三身的領域中生起、住留，最後融攝入三身的領域中，沒有任何事物發生在三身之外。為了按照這個原則來修持，在儀軌的起始，藉由三種三摩地，讓一切事物從三身開展，然後再讓一切事物返回消融於三身。

返回消融於本初虛空之中，然後再度生起。所有顯現的事物都是寂靜尊和忿怒尊的身相，所聽到的一切聲音都是本尊的聲音，所生起的本然明覺都是寂靜尊和忿怒尊的「意」。接下來，是迴向功德和祈願，最後有法身、報身和化身的四句吉祥偈。這個結行再度提醒我們三身的領域。

第十二章 無別

在修持生起次第和圓滿次第時，
你訓練自己看見事物的真實面貌，
看見它們「如是」的面貌，
而不是把它們看成完全沒有任何根據的幻想。

如我之前提及的，用真如三摩地來開始任何的觀想，即是修持生起次第與圓滿次第雙運的方法。這是指你要認識心性，並且安住於其中，在那個時刻，你是在本淨心性的狀態之中。然後，明光三摩地生起為本覺的自然表現。心性是空虛與覺察的雙運，空虛的面向是真如三摩地，是本初清淨，是法身。從真如三摩地任運顯現的現象展現即是明光三摩地，其無礙覺察的面向是明光三摩地，是報身。它代表空性中具有慈悲，代表本淨心性（無礙的本質）的表現本來就是充滿慈悲的。空性與慈悲兩者是無二無別的，這是非常重要的重點。

充滿慈悲的空性

我再重複一遍，空虛的品質是本初清淨，化現是任運慈悲的顯現。空性與慈悲雙運，是所有佛法修行的基礎，這種雙運以種子字的形式呈現，這即是種子字三摩地，也就是化身。空性與慈悲雙運以種子字的形式顯現，而種子字是本尊的修行命力。舉例來說，如果修行者修持的是蓮師本尊，那麼種子字「Hrih」（舍）即本尊蓮師的修行命力。

一旦種子字顯現之後，它放送出空種子字「E」（艾）、風種子字「Yam」（楊）、火種子字「Ram」（壤）、水種子字「Kham」（康）、地種子字是「Lam」（朗）、須彌山的種子字「Sum」（宋），最後在須彌山頂上的天宮種子字是「Bhrum」（仲）。接著，種子字「Hrih」（舍）像流星般降落在天宮內的寶座上，然後轉化成為本尊，所有這一切都是在不離心性的狀態下展開的。在不離本覺之空虛真如三摩地的情況下，任運顯現的慈悲明光無礙地從本淨心性中展開。由於生起次第的表現是無礙的，因此在認識心性的同時，生起次第也可以同時生起。如果心性受到阻礙，生起次第就無法生起，但它不是如此，生起次第能夠在毫不損害本初清淨的情況下展開或顯現。在不離不變之本初清淨的情況下任運顯現，也就是明覺的表現因而生起。這就是本初清淨與任運顯現之雙運。

這也是為什麼在基本上，生起次第和圓滿次第是雙運的。生起次第「所生起」的，即是無礙明覺的表現。另一方面，念頭能夠障蔽本覺，當無礙明覺的表現變成念頭時，那就是迷妄。一般的思惟即是去形成一個念頭，然後又去想其他的事情，如此繼續不斷，新的念頭打斷前一個念頭，下一個念頭又打斷前一個念頭。真正的生起次第完全不是如此，其關鍵在於本覺之無礙品質，明光三摩地不會斬斷真如三摩地。在虛空中顯現的種子字，不會障蔽充滿慈悲的空性，它實際上是充滿慈悲的空性的表現。因此，你不但可以讓觀想從充滿慈悲的空性中展開，而且它也是真正的修行之道。

這種生起次第在不離心性狀態下生起，我們不需要為了去想這些事情而避免認識心性。我們要讓它們自然地開展！你只要讓觀想從充滿慈悲的空性（空性與覺察的雙運）中展開即可，這稱為「讓生起次第從圓滿次第展開」。如此一來，生起次第與圓滿次第之間沒有真正的分別，否則，人們常常誤解生起次第盜取圓滿次第，你必須把生起次第踢開，才能給圓滿次第一個機會。這就像你開始想一件事情，前一個念頭就消失了，這稱為「以二元分立的心來從事觀想」。

當修行者被教導生起次第時，剛開始生起次第看起來似乎是這個樣子，但事實上，它完全不是如此。其原因在於，本初清淨和任運顯現是一種本然的雙運，它們無法真正被分開。如果它們是可以被分開的，那麼你就只能擁有本初清淨，即一種什麼都不會在其中發生的空無狀態，或只能擁有相同於二元分立的心的任運顯現。那麼，法身和報身之間就會展開爭戰。事實上，兩者之間沒有衝突，因為任運顯現和本初清淨是無別的。你不但可以讓生起次第從圓滿次第中開展出來，而且這麼做也是完全正確的，這兩者之間沒有衝突。一句名言說道：「一些人說生起次第是正確的，其他人則說圓滿次第是正確的。他們把生起次第和圓滿次第弄得彼此敵對。」

空性與覺察雙運具有一種無礙的能力，如果它有所障蔽，我們就無法了知任何事物，它會是完全空白的。如果覺察和空性不是雙運的，那麼其中一個只會在我們思惟時發生，另一個只會在沒有思惟時發生。概念上的念頭會堵塞、障蔽和侷限，這就是為什麼生起次第和圓滿次第會受到障蔽的原因。然而，明覺的表現是無礙的，否則本覺就不會有任何能力，但是心性確實具有能力，法身和報身確實會展現。

法身是全然無礙的狀態，報身是大受用，意指具有許多圓滿的功德。從本初清淨的空性之中，任運顯現的本質無礙地展現。同樣地，我們可以無礙地修持生起次第，否則如果沒有真如三摩地，生起次第將只是一種模仿。我們甚至可能會認為，忿怒本尊真的會生氣！

有個好方法可以幫助我們了解這個重點：當彩虹出現在天空時，它完全不會損害空虛的天空，但彩虹卻完全可見，它不會改變天空，也不會造成絲毫的傷害。同樣地，認識上師所指出的心性完全是空虛的，也是如此，那就是真如三摩地。我們不需要為了讓覺察（明光三摩地）顯現，而拋棄對心性的認識；在本質上，明光三摩地是任運顯現的，那是真正的慈悲。天空是真如三摩地，彩虹則是明光三摩地——生起次第。虛空和彩虹之間沒有爭鬥，不是嗎？它正是如此。首先，你需要了知真如三摩地，在認識真如三摩地之後，明覺的表現會從心性中生起為生起次第。它不像建築工程，而是如同出現在天空的彩虹，明覺的表現是生起次第和圓滿次第的圓滿雙運。

這種方法不全適合每一個修行者。次佳的方法是，修行者一次思惟一項細節，例如本尊的頭、手臂、腳、軀體、特徵等等。修行者偶爾去認識它是誰、它是什麼、是什麼在觀想，並且再度達到本初空虛覺醒的狀態。然後，修行者再度去想某些觀想的細節，再度認識它是誰等等，來來回回地在這兩者之間交替。這是所謂次佳的、中等的修行方法。最小的要求是，修行者首先去想所有事物都變成空虛的，念誦咒語「Om Maha Shunyata……」（嗡．瑪哈．孫雅塔……）。在此之後，修行者說：「從空性的狀態中，這個和這個顯現。」修行者用這種方法一次想一件事，到了儀軌的最後，再度把一切融攝入空性之中。修行者可以用這三種方法一起修持生起次第和圓滿次第。

本初清淨和任運顯現

然而，在你一再地認識佛性的同時，也可以讓觀想無礙地生起。沒有法律規定你必須一件事接著一件事地想，明覺的表現是無礙的，它不像砌磚，必須用一種非常具體的方式把一塊磚疊在另一塊磚上。從真如三摩地所開展出來的任何事物，都有如一道彩虹，天宮、本尊都如同彩虹。彩虹從虛空顯現，但是它的顯現不必阻擋虛空，它完全沒有必要，真如三摩地和明光三摩地是本初清淨和任運顯現的雙運。至於種子字三摩地，「種子」一詞是指它是整個壇城和所有本尊的起源，種子字也被稱為「心的生命本質」或本尊的「心的命力」。如同先前提到的，蓮師的種子字是「Hrih」（舍），那是觀想的起點。但是請記住，「Hrih」（舍）和隨後顯現的一切，都不是有形或可見的事物。

讓生起次第的觀想從真如三摩地開展出來，即是真正的修行方式，這是最好、最重要的方法。真如三摩地是法身的狀態；明光三摩地是報身的狀態；種子字三摩地是化身的狀態。事實上，輪迴與涅槃的一切都是從廣袤無垠的三身中開展出來的。這是說明生起次第與圓滿次第雙運的一個例子。

我們可以用另一個方法去了解生起次第。一切事物都是從五佛母的虛空中生起。五大元素是空虛的，了知者是覺察的品質，這種覺知的品質是普賢如來，藏語為「yab」（雅），空虛的品質是普賢佛母，藏語為「yum」（漾）。外在的對境（五大元素）不是覺知者，它們是空虛的面向。事實上，五大元素是五佛母，是在不淨狀態被覺知為地、火、水、風、空者，事實上是五佛母的特性。如此一來，這個世界上的一切事物都已經是五佛母的壇城，在這種天宮之內的是五蘊的清淨本質——五佛。我們沒有發明任何事物，這是我們「如是」的本初狀態。心和現象（覺受者和被覺受者）即是普賢如來及其佛母。在生起次第，我們不讓一般的不淨覺知繼續下去。每一件事物都被視為清淨的智慧本尊，即覺受與空性的雙運。

在本質上，所有現象都已經是覺受與空性的雙運。在這個世界上，在你的生活中的每一個經驗、每一件事物，都已經是覺受與空性的雙運。沒有什麼事物不是空虛的，生起次第的本質是覺受的面向，圓滿次第的本質是空虛的面向，這兩者原本就是雙運的，沒有什麼是不淨的，這是每一件事物原本的面貌。因此，每一件事物已經是生起次第和圓滿次第的雙運。在修持生起次第和圓滿次第時，你訓練自己看見事物的真實面貌，看見它們「如是」的面貌，而不是把它們看成完全沒有任何根據的幻想。

在大圓滿之中，有兩個精要：本初清淨和任運顯現。本初清淨是空虛的面向，任運顯現是覺受的面向，它們原本就是雙運的。在修持生起次第和圓滿次第時，我們修持的是本淨身相的展現，這是一切事物的本初狀況，是一切事物的真實狀況。就無別的本初清淨和任運顯現而言，實相已經是佛父與佛母的雙運，整個壇城和本尊是本初清淨和任運顯現無二無別的展現。

在中陰期間，這種無別的雙運也顯現為本尊。同樣地，本初清淨和任運顯現的雙運，也是「頓超」法所修持的本尊。修行者自身的本尊壇城從這兩個情況中生起或展現，如同天空中的彩虹。這些本尊是五色光，是本初清淨和任運顯現雙運的一個徵相。在這兩種情況之中，這些都是事物「如是」的面貌，你不需要去想事物「非如是」的樣子，你自己的本尊就顯現在你面前。

從佛性展現面向的觀點來看，我們可以說本尊住在我們的身體裡。在中陰和「頓超」法的修持之中，生起次第的本尊確實出現在我們面前，也就是我們自己的本尊展現在我們面前。就我們的心性而言，「不存在」是本初清淨，「存在」是任運顯現，我們的心性是存在與不存在的雙運。本尊是被覺受的面向，這是事物的面貌。這是生起次第的殊勝之處，我們不要認為它不重要。

如果在本初清淨的狀態之中，沒有任運顯現的覺受面向，就什麼也不會發生。然而情況不是如此，因為本初清淨和任運顯現兩者是雙運的。本初清淨表示空無、沒有具體的事物、空虛的品質；任運顯現是指存在。它不是只是空無或只是存在，它們兩者是無別的，空無和存在的本初無別是一個非常好的例子。覺受和空性是雙運的，覺受的面向是生起次第，空虛的面向是圓滿次第。天空中的彩虹不可觸摸，但仍然是可見的，其中空無一物，但又有些什麼東西。這是一個非常好的例子。此外，彩虹只出現在天空中，你不會在木頭或石頭中找到彩虹。

所有的現象都是存在和非存在的雙運，本初清淨和任運顯現是一種雙運，三身和智慧是一種雙運。有一句引言這麼說：「所有的典籍都說，一切皆空，但事實上，我們的本性不是空無三身和智慧，這是佛陀的真正傳統。」這是事物真實的面貌。在二轉法輪時，佛陀說，從色蘊一直到遍知的證悟，一切事物都是空虛的，缺乏自我存在的本體。當然，那是正確的，卻不是完整的真相，那句話強調的是空虛的品質。唯有了悟空性和覺受的本初雙運，才有可能獲得解脫。如同虛空一般，空虛的面向無法達到解脫。

所有的現象都是覺受和空性的雙運，沒有覺受的面向，三身和智慧就會是隱藏的，就永遠不會展現。三身和智慧是非常重要的要點。話說：「如果三身和智慧是空虛的，就不會有果。」如果「果」的狀態是空虛的，那麼它就正如虛空那般空無。「正如虛空那般」表示沒有什麼要去了解，那裡什麼都沒有。思量這一點。當然，一切事物都是空虛的，但卻不是空無法身和智慧，法身和智慧並非不存在。如果沒有法身和智慧，就不會有「果」的二十五種特徵。如果沒有它們，怎麼會有五身、五語、五智、五功德和五事業？「果」的二十五種特徵不是某種具體有形的物質。有所謂的「基」、「道」、「果」，而不是只有「基」與「道」。如果一切事物都是空虛的，就不會有法身和色身等二身。法身如虛空般了無造作，「消融但無礙」，在此「消融」是指完全沒有任何煩惱，同時，智慧（本初覺醒）是「無礙」的，這就是「消融但無礙」的意義。這也稱為「法身的本初明燦」，法身不是空虛的或缺乏覺察品質的。

此外，就覺受而言，法身原本就是覺受與空性的雙運。本初清淨是空虛的面向，任運顯現是覺受的面向，這兩者是雙運的。所以，我們說三身和智慧是雙運的。法身是虛空身，了無造作；報身如同彩虹身；五佛被稱為智慧身，具有各自的特徵——白色、紅色、黃色、綠色、藍色等五色光。

我再重複一次：首先是法身和色身二身。色身有兩種：虹光報身和化身（具有六大元素的血肉之軀）。

念頭和本初覺醒

如果我們聲稱「一切皆空」，那麼有誰會知道這件事呢？不可能有任何東西知道「一切皆空」這件事情，不會有智慧，不會有本初覺醒。了知本性的覺醒，是一種不依賴對境的了知，而念頭則必須仰賴一個對境，才能夠活動起來。當你說「本初覺醒」或「智慧」時，按照定義，它是一種沒有對境的了知；而當你說「念頭」時，它是指具有主體、客體結構的了知。「本初覺醒」是一種沒有二元執著的了知，而我們平常的了知則是二元的執著。我們應該摧毀二元的執著，這就是我們如此精進地禪修和認識心性的原因。「本初覺醒」是本初的了知，藉由認識心性為本初清淨，我們因而熟悉本初的了知。無二的覺醒摧毀二元的執著，當二元的執著被摧毀時，迷妄的覺受就瓦解了，所有概念的活動就崩潰了。我們應該徹底了解這一點，並且下決心做到這一點。

究竟而言，意識和覺醒（念頭和本初覺醒）之間的差別乃是重點所在。「意識」是指有主體和客體的了知，在這種了知之中，主體專注於客體；而另一方面，一切諸佛的了證狀態是不仰賴客體的本初了知。「立斷」法揭顯這種了證的狀態；另一方面，如果我們認為自己的本初狀態只是空虛的，只是一種空無的狀態，那麼這種空性就不具有任何品質，但是這些品質本來就是存在的。這種本初覺醒是不可思議的，大圓滿的教法把它形容為空虛與覺察的雙運。當然，二元分立的意識也是空虛而覺察的，但是卻充滿無明和無知。「無明」是指沒有了知本覺；「本初覺醒」是充滿了知的空覺。

實際上，所有顯現和存在的事物（所有的世界和眾生）都是佛父和佛母的壇城，都是勝者們的壇城，它原本就是如此。這是我們透過生起次第的方法，訓練自己看見事物的真實面貌。認識本覺是認識什麼是「如是」的真正方法，在那個時刻，我們不需要去思考，就知道覺受本身即是佛父與佛母的壇城。當我們沒有認識本覺時，儘管在本質上，覺受即是佛父和佛母的壇城，但是因為我們沒有認識本覺，因此覺受本身就不是佛父和佛母的壇城。當我們只是去想它是佛父和佛母的壇城時，那只是一種假裝。然而，即使我們以這種假裝為基礎（這種假裝即是所謂的「一般的生起次第」），我們也可能真正地了悟覺受本身即是佛父和佛母的壇城。這是因為所有顯現和存在的事物，已經是勝者們的壇城的緣故。

生起次第是了解事物真實面貌的一種修持。覺知的品質是普賢如來，空虛的品質是普賢佛母，兩者是無別之雙運，這是所有勝者（一切諸佛）的根本壇城。這種覺受和空性的雙運，也是有情眾生凡俗之身、語、意的來源。然而，有情眾生有的不只是凡俗的身、語、意，我們也擁有證悟的身、語、意，只是我們沒有認識到這一點而已。但是，假裝知道自己也擁有證悟的身、語，意並不足夠，我們可以假裝自己是佛，但是心想「我是佛」並不能讓我們證悟。我們必須對事物的真實面貌有某種真正的認識，即使我們的世界是化身佛土，我們也仍然需要了知這個事實。

在輪迴六道中，每一道都有一個「牟尼」（Muni，意譯為「能寂」，佛的異名），總共有六位牟尼：地獄道有閻羅法王（Dharmaraja），餓鬼道有卡拉．美巴（Khala Mebar），畜生道有桑給．拉登（Senge Rabten），人道有釋迦牟尼，阿修羅道有塔桑惹（Taksangri），天道有夏卡拉（Shakra）。事實上，輪迴六道的每一道都是化身佛土，但即便如此，眾生卻不知道。我們必須了知無礙之空覺是我們的自性，了知這就是「如是」，是勝者們的壇城，如同諸佛了知其為「如是」一般。然而，我們受到邪見和扭曲概念的控制，而在迷妄的輪迴中流轉。

以下四句出自《普賢心髓》前行法的「究竟菩提心」：

南摩

我和所有六道眾生，
從一開始都是佛。
藉由了知此為「如是」之本質，
我生起無上證悟之決心。

「藉由了知此為『如是』之本質」是指見到「如是」的實相，它代表所有顯現和存在的事物，都已經是遍在的清淨——勝者們的壇城，它不只是我們假裝它是如此的事物。然而，當我們認識本然狀態時，它才可能變成真實，否則我們無法看見它的真如實相。無所了知的無明，是對二元分立的執著、沉迷於三毒，障蔽了所有顯現和存在事物的遍在清淨，其中的差異完全在於「了知」和「無知」。當修行者透過上師的指點而認識自性時，這就是了知什麼是「如是」，也是修行者所要從事的修持，即修持沒有受到二元執著染污的本初覺醒狀態。

認識自生覺醒狀態，即是見到事物的真實面貌，這不像把白色的海螺看成黃色，完全不是這樣。當你有黃疸病時，白色的海螺看起來是黃色的，海螺肯定不是黃色的，而且從來不是黃色的，但是因為你身體裡面的膽汁讓眼睛變成黃色，你才把白色的東西看成黃色，即使那不是黃色的東西。這如同有情眾生的迷惑和誤解，他們沒有看見事物的真實面貌。

由於從一開始，我和所有其他有情眾生都是佛，因此我決心藉由認識「如是」實相和究竟菩提心的力量，達到無上正等正覺，這是認識所有顯現和存在的事物都是遍在清淨的方法。遍在清淨存在於你自身之內。

本覺的狀態

根據大圓滿的教法，本初的證悟狀態從來不是迷惑的。諸佛的本初狀態如同沒有被任何塵土覆蓋的純金，泥土有如暫時生起的迷惑思惟。如果黃金一直保持純淨，我們不需要去清潔它，它也不需要達到純淨的狀態，因為它從一開始就已經是純淨的，這用來比喻從未迷惑的自生覺醒之本初證悟狀態。如果從來是迷惑的，那麼你怎麼能使用「達到解脫」這句話？這是不可能的，因為解脫完全仰賴迷惑。由於諸佛的覺醒狀態不是迷惑的，你也不能真的說諸佛已經解脫，這完全是因為我們誤以為迷惑是可以被清除的。除非有迷惑，否則不可能有所解脫。

有情眾生具有相同於諸佛的自生覺醒，我們和諸佛的本性之間沒有任何差別。然而，諸佛的自生覺醒、諸佛所有的無量功德，從來不是迷惑的，如同從未受到染污的黃金。即使我們擁有相同的黃金，但是那黃金掉入污泥之中，我們受到迷惑思惟的控制，受到自己的思惟障蔽，而不知道這塊骯髒的黃金原本就是純淨的。諸佛如實地了知黃金的真實面貌，他們沒有散亂的思惟。如果有情眾生已經變得迷惑，沒有覺察到自己的自性，那麼他假裝自己是本初清淨的黃金，是毫無用處的，它不會成真。我們所擁有的修行，即認識「見」，接著應用於禪修之上，然後轉化成為行為，並且全然了證為「果」，就如同特殊的化學品，能夠清除覆蓋黃金的塵垢。換句話說，「見」、「修」、「行」能消除迷惑。

認識我們的自性，能夠解除迷惑。對諸佛而言，「迷惑」和「解脫」這兩個詞都不適用。「迷惑」一詞意味著昏亂、誤解和迷妄，它只不過是「誤入歧途」的本覺的表現，只要你是因為明覺往外發展而迷惑自己，就沒有其他人能夠解決這個問題。只有你自己能夠解決這個問題，不是嗎？否則，迷惑會持續下去，這就是輪迴——迷惑持續不斷。即使有情眾生是佛，我們仍然像被塵垢包裹的黃金，沒有認識黃金的真實面貌，這都是迷妄思惟的緣故。在我們的本初自性之中，沒有思惟，心性是覺醒的，而且從一開始就是清淨的。藉由認識你自己的佛性，三身就成為真實。

空性是法身，覺性是報身，有明覺和明覺的表現，我們有必要讓明覺的表現（本覺的表現）有所解放。話說，化身認識報身，而報身則認識法身。在明覺之中，既沒有「解脫」這個詞彙，也沒有「迷惑」這個詞彙，陷入概念化的是明覺的表現。如果本覺的表現認識它本身，它就會顯露成為智慧。這種智慧不是從聞、思、修而得到的一般智慧，它是超越的智慧——真正的般若波羅蜜多，也就是明覺的表現認識它本身。在那個剎那，明覺的表現重新融攝入明覺之中，只剩下本覺的狀態。這種本覺的狀態和一切諸佛的本初證悟狀態一模一樣，從未偏離於它本身。

一段聞名而重要的引言說道：「當明覺的表現變成思惟時，它是迷惑的。當明覺的表現顯露為智慧時，它是解脫的。」這不表示在心性的狀態（本覺）中曾經有任何的差異。本覺的狀態（佛性本身）從未迷惑，也從未解脫。迷惑和解脫只在明覺的表現中生起。

本初證悟的狀態即心性本身，既沒有迷惑，也沒有解脫。有情眾生的狀態是時時刻刻陷入迷惑的思惟之中，這種表現（思惟）是可以再度地被解脫。然而，心性本身卻時時刻刻與諸佛的心性相同，從來沒有任何差異。這個重點在於：認識你的心性。這也是真如三摩地的重點。如果沒有真如三摩地，就不可能有真正的生起次第的修持，而在認識這種真如三摩地之前，首先要指出心性。

第十二章

二魔

所有的顯相都是一場魔幻的展現，只有心能夠有所體驗。
這個心，每一個有情眾生的心，
都可能達到穩定的狀態，不再受到愚弄或欺騙。
不論我們談論的是哪一個人的心，
在本質上，這個心和一切諸佛的心是相同的。

在過去修行者的生平故事中，常常述說魔羅施展一些幻術來愚弄或哄騙他們。事實上，所有的顯相都是一場魔幻的展現，只有心能夠有所體驗。這個心，每一個有情眾生的心，都可能達到穩定的狀態，不再受到愚弄或欺騙。不論我們談論的是哪一個人的心，在本質上，這個心和一切諸佛的心是相同的。

內、外的三身

我常常使用尼泊爾不同房屋內的房間作為例子。每個房間都有一些空的空間，在本質上，空間是一模一樣的。牆壁是不同的，空間的外在容器是不同的，但是空間本身卻不會因為房間的不同而有任何差異。同樣地，無礙的空覺是一切有情眾生的本質，而這種無礙的空覺即是我們的心性。此時此刻，我們可能覺得每個人的心是不同且分離的，但是在認識法身狀態的剎那，彷彿所有的牆壁都倒塌消失了，只有一個法身，如同只有一個虛空、一個天空那般。

一切諸佛如同一個房間內的一千盞酥油燈，每一盞酥油燈的火焰是獨特而分開的，但是它們的光亮卻是一樣的。當我們了悟法身的狀態時，只有一個本體，如同一千盞酥油燈的光芒一般。每一盞酥油燈的火焰各有不同，但是它們延展到房間各處的光芒卻是無別的。了證的廣大無邊即是一味的廣大無邊，如同源自個別火焰的無別光芒。那光芒用來比喻法身。

如同個別火焰的比喻，由虹光構成的報身是各自不同而獨立的身相。至於化身（nirmanakaya），「化」（nirmana）是指幻相，經由魔幻創造出來的、能被凡俗有情眾生覺知的事物。舉例來說，釋迦牟尼佛具有以六大元素構成的金剛身，但是他卻以人身的方式顯現。法身如同虛空，是「一性」（one essence）的；報身是不同而各自獨立的，如同天空中的彩虹；化身以各種必要的方式去感化眾生，如同在我們這個賢劫出現的千佛。為了讓凡俗有情眾生能夠覺知，換句話說，為了「顯現在凡俗有情眾生的個人覺受」之中，佛必須以人身來到這個世間，甚至連動物都能夠覺知到他。在此一賢劫，將會有一千位這樣的佛出現，在此同時，將有六位佛各自為了輪迴六道的有情眾生而同時出現。他們一再地化現，化現次數無可計量，這稱為「外在的三身」。

我再重複說明一次，內在三身是：（一）法身，即空性；（二）報身，即覺性；（三）化身，即空性與覺察的無別雙運。這三身存在於每個有情眾生的心性之中，有情眾生因為沒有認識這個心性而在輪迴中流轉，陷入喜愛、憎惡和漠不關心的情緒之中；認識心性是指與自己的法身面對面。三身不是禪修的結果，在你認識自己的心性，看見「沒有東西可看」的剎那，你就已經和法身面對面了，那是覺醒狀態的非造作法身（unconstructed dharmakaya）。

在此同時，有一種看見「沒有東西可看」的覺察，這種認識不需要空虛和覺察兩個本體，空虛和覺察原本就是無別之雙運。舉例來說，現在這個房間裡，有一些什麼東西都沒有的空間，那是說明空性的例子。舉例來說，覺性如同日光，太陽已經升起，它只是照耀著。現在，房間裡面有陽光，你能夠把房間裡的陽光和空間分開嗎？那是「雙運」的比喻。如果你能夠把它們分開，那麼它們就不是雙運的。這個房間裡有空間，同時也有日光，所以我們能夠清楚地看見房間內的一切事物。這種燦亮和空間是無別的，這是雙運的象徵，這是說明「雙運」的一個例子。在白天，空間和陽光是雙運的，除了虛空之外，陽光沒有其他地方可去。對我們而言，有白晝與夜晚的差別，但是除了虛空之外，太陽有其他地方可去嗎？

虛空、陽光和兩者之無別，用來比喻本質、本性和能力，也就是三身。空虛的天空是空性的例子，陽光是覺性的例子，虛空和陽光的無別是空性與覺性雙運的例子。在你溫柔地認識心性的剎那，是否有某種了知心性面貌的明亮感受？「溫柔地」代表你不是瞪視著自己的心性，彷彿你的心性是其他的東西。根本沒有兩個本體，有嗎？事實上，從來沒有兩個本體。因為我們沒有讓本然的「一」保持「一」的「如是」狀態，因此在我們眼中，它似乎有兩個本體，似乎是二元分立的，有一個觀看者和被觀看的事物，這種二元分立是個人心中的念頭所造作出來的。因此，教導在於：在觀看的剎那，保持「如是」。這麼一來，二元分立就不會持續下去。正如以下所說的：

在觀看時，不見一物；
它不具實體，非具體也。
輕鬆地安住在這種空無之中。

無別的三身

當沒有真正見到空性與覺察的無別本質時，我們會繼續持有「觀察者和被觀察者是分開的」這種錯誤的想法。實際上，無別之三身（我們的自性）是一種不息的展現，而不是有時出現、消失，然後又重新出現的事物。打斷無別三身之連續性的原因有二：（一）我們不知道如何認識心性；（二）我們對被覺知的對象產生念頭，並且陷入那些念頭之中。三毒幾乎不停地接管，這是有情眾生的心運作的方式。如果三毒是持續不斷的，輪迴就永無止境。只有一個方法可以終止輪迴，那就是認識無別之三身。

當我們證悟時，它表示思惟中斷、消融和消失了，這時，就不可能仍然有迷妄的思惟。如果我們仍然有迷妄的思惟，卻聲稱自己是證悟的，那真是荒謬可笑。在這世界上，我們不是找不到其他的方法或技巧可以真正地竭盡念頭嗎？即使你引爆核彈，那能停止思惟嗎？你肯定引爆核彈能夠摧毀國家或城市，但不幸的是，這麼做不會使心停止思惟。唯一能夠使心停止思惟的方式，即是看見我們的自性，而這自性和所有覺醒者之三身是無別的。話說，當我們看見三身時，三毒就消失了，「三身」在此是指無別的空覺。當我們看見無別的空覺時，三毒就永遠消失了。

唯有當我們不間斷地保持空覺無別的認識時，三毒才會永遠消失。我們必須透過修持，逐漸習慣於認識心性。在看見心性時，所有的三毒都會在同一剎那消失，但這不表示三毒不會再生起。只有一個方法能夠永遠離於三毒，永遠終止輪迴，那就是完全地認識心性，日日夜夜不間斷地看見無別的空覺。除此之外，我們無法盡除三毒，因為從無始的生生世世以來，我們就已經擁有三毒的習性。

當你點燃火柴的剎那，就有火焰和暖熱。如果你把那根火柴放在一座大山山腳下的一堆稻草上，你可以把整座山燒光，這其中的差別在於火燒的範圍有多廣。同樣地，認識心性的剎那有如點燃一根火柴般，創造了心性的「火花」，這火焰燃燒當時顯現的任何一種三毒。三毒被燒掉多少，取決於你有多少的修持，對心性的熟悉程度，以及在忘記心性之前，你對心性的認識能夠持續多久，也就是認識心性的火焰多快減弱。如果你對心性的認識持續不斷，那麼所有的惡業和過去的障蔽就會完全根除。在此同時，新的障蔽和惡業不再生起，如同整座山著火一般。

萬年暗室，一燈即明

覺醒的每個剎那都是相同的，其中的差別在於它能夠持續多久，以及它有多少穩定度。由於我們從無始以來就一直是迷妄的，因此業和惡行潛伏著，這就是為什麼我們要從事補懺儀軌的原因。當我們對心性的認識達到完全穩定的狀態時，當整座山完全燃燒殆盡時，所有過去的業和惡行都被淨化，我們不會再落入迷妄的模式之中。那種狀態等同於正等正覺，即一切諸佛的法身。

當我們證悟時，不可能仍然有障蔽和惡業，我們需要中斷、清淨障蔽和惡業，這就是為什麼要修持清淨障蔽的法門，以及懺悔過去所造惡業的原因。有個方法可以徹底而永久地終止惡業和障蔽，那就是認識心性便可以完全中斷那個剎那的業和障蔽。它淨化從過去一直持續下來的惡業，中斷從此之後所要生起的惡業。只要這種對心性的認識持續下去，業和障蔽就會完全而徹底地結束。當我們對空覺的認識達到完全穩定的狀態時，就能夠盡除所有的障蔽和惡業。這如同一根點燃的火柴，火焰是火，它和燃燒整座山的火是一模一樣的。當整座山起火時，它可能燒光所有的樹木、植物等，燒得什麼都不剩。

心性原本是清淨自在的，但它暫時受到障蔽。障蔽不是本具的，不是心性本身不可分割的一部分，如果是這樣，我們就不可能證悟。如果障蔽是心性本身的一部分，而不只是暫時的現象，那麼我們就不可能根除障蔽。障蔽只是暫時的，如同一個房間暫時是漆黑的。雖然暫時的黑暗可以持續很長一段時間，例如持續一萬年，但是在你開燈的剎那，黑暗立即消失。

證悟之所以是可能的，完全是因為心原本是清淨自在的，一切諸佛穩定於本初自在的狀態中。如同源自山間河川的水流，隨著它往下流經河谷時，水變骯髒了。但是在源頭本身，水是清淨的，只是在沿途混雜了泥土。同樣地，有情眾生的心具有三身的本質。當我們沒有認識真實自性時，不淨就生起了，然後暫時的障蔽也隨之產生，而不淨和障蔽可以再度被淨化。

諸佛從一開始就已經認識他們的自性，因此他們原本就是證悟的。對我們這些有情眾生而言，迷惑是暫時的情況。上師直指出我們的心性，我們從事修持，並且透過認識心性，就能夠再度證悟。我們的本初心性沿路而來受到染污，但是這個污泥是暫時的，污泥可以被清除，成佛的狀態存在於我們的內心。我們的心性原本就是證悟的，但是它暫時被障蔽了。密續有一句引言說道：

一切眾生皆是佛，
但他們暫時受到障蔽的遮蓋。
當障蔽去除之時，
他們即是真佛。

我想引用另一部重要典籍《智慧心髓次第道》的話語：

遍在佛性是要了解的根基，
無生、明光、空虛乃明覺之本然狀態，

它超越迷惑與解脫，如虛空般全然寂靜。
它不離輪迴、不迎涅槃地安住，
因為俱生無明和遍計無明兩種無明大魔羅，
執著之串習，
以及情器世界種種覺知的緣故，
六道眾生如夢般顯現。

雖然如此，你從未也永遠不會與本初心性分離，
故當努力清淨暫時之染污。

我們應該如何努力清除這些暫時的障蔽？修持十善業是一條長遠的道路，修持金剛乘的本尊、咒語和三摩地則是比較短的路徑。最快速的方法則是努力了證心性的如意寶，也就是認識心性。因為覆蓋佛性的障蔽是暫時的，所以你要努力去除這些障蔽。

三身和智慧原本就是佛性的一部分，一直都存於有情眾生之內。如同虛空本身，佛性是不變的，但是障蔽卻如同雲朵般是暫時的。雲朵是暫時的，但虛空卻不是。太陽照耀時，溫暖而明燦。太陽使水蒸發，蒸發的水氣在空中凝聚成遮蔽太陽的雲朵。天空和太陽沒有因為雲朵而改變，正如同虛空和本初覺醒、三身和智慧一般，它們原本就是那個樣子。你可以說它們是恆久而不息的，但是雲朵的出現製造了看似真實的中斷。然

而，在你放下雲朵，讓它保持「如是」狀態的剎那，雲朵就消散了，它無法永遠逗留。這是我們處理迷惑的方式。

非禪修的要點

心性本身是無法辨識的，我們需要去認識、辨認的是「我們的心性是無法辨識的」這個事實，沒有什麼可以被認識。在我們以正確的方式去觀看心性的剎那，我們立即就看見了心性。然而，這還不夠，我們的心會變得散亂而遺忘，然後開始生起念頭，對不對？無明有兩種：俱生無明（coemergent ignorance，無始無明）和遍計無明（conceptual ignorance，枝末無明）。在我們看見自性之後，它幾乎立即消失。我們的心散亂，然後開始想其他的事情。遺忘和思惟即是兩種無明：俱生無明和遍計無明。

我們的心確實會散亂，這是有情眾生的模樣。如果有情眾生接受如何認識心性的教導，毫無疑問地，他們將會看見自己的心性。然而，這種認識立即就消失了。在忘記心性之後，我們開始思惟；先忘記，然後思惟。我們的心性一直都在那裡，但我們卻沒有看見它。俱生無明和遍計無明這兩種無明是輪迴的根本，我們需要擺脫它們。即使看見自己的心性，我們的心仍然會散亂，在散亂之後，開始生起各種念頭，然後麻煩隨之而來。我們應該逐漸地修持，這兩種無明就會變得越來越弱，最後完全消失。這兩種無明束縛、羈絆了有情眾生的佛性，雖然本覺狀態（無二明覺）是全然寂靜，超越迷惑和解脫，如虛空般不變，但仍然有兩大無明的魔羅。請不要忘記這一點！

簡而言之，請認識自己的心性。不要投射，不要專注，不要保持一種狀態，不要去想任何事情，有幾秒鐘的時間，沒有什麼可以描述，你可以稱它為空虛和覺醒。那是心性，那不是一種禪修的行為，因為它原本就已經存在了。如果我們開始去想像、去思惟、去計畫，心性就已經被遺忘了。我們需要做的是「掌握非禪修的要點」，就創造或生產出來的禪修狀態而言，從來沒有人說我們應該「掌握禪修的要點」。

我們要佔領「非禪修」的法身寶座，這不是想像出來的事物，連一絲一毫的想像都沒有，它是本然而任運顯現的。在「非禪修」的剎那，覺受的對境絲毫沒有受到阻礙，它們清晰生動地顯現，這就是無礙，它應該就是這個樣子。不要執著每一個不同的特徵或要點，也不要為其貼上標籤，只是讓你的眼睛去看，讓耳朵去聽。否則，你將會落入「昏沈的奢摩他」（inert shamatha），什麼都聽不見，什麼也都看不見。相反地，你應該是清醒、明晰，沒有任何執著。放下這種執著，你要像一個進入寺廟大殿的孩子般，看見一切事物的真貌。孩子好奇地注視每一件事物，不為事物貼上標籤，也不執著。你要如此修持。

真正的普賢如來

當你感到懷疑時，請記住，「懷疑」只是另一個念頭。當我們認識懷疑者的本質時，懷疑就消失了。你不需要去想：「這真的是它嗎？它究竟是什麼？三身一定是其他的事物，一定是非常特殊、令人印象深刻、歎為觀止的事物。它可能會慢慢進入我的覺受之中，屆時，我現在所有的心的狀態，肯定會被拋棄。」事實上，我們的本初狀態已經是佛心，所以我們要做的是放下眼前的念頭，不要創造或造作任何事物。如果這當下的覺醒不在這裡，那我們就會是一具死屍。你可以聽見聲音，對不對？聽聲音的是你的心，不是你的耳朵。屍體也有耳朵，但是屍體聽不到聲音，對嗎？此時此刻，有所覺受的是你當下的心，不是昨天的心，也不是明天或後天的心。當我們認識心性時，不要對心做任何事情，連一丁點都不要有，不要去糾正它，讓它像虛空般開放、自然。本然就是「如是」，那是真正的普賢如來，從未與你的心分離的普賢如來。這個佛心連一剎那都不曾捨棄你。

認識本覺，認識你的心性！這是有情眾生不做的事，他們不知道如何去觀看，即使看見心性，也不知道那是什麼，他們會立刻開始去想其他的事情，一個接著一個，永無止境地為輪迴的鎖鏈加上新的鏈環。在這個當下，過去的念頭已經消失，未來的念頭尚未到來，不要糾正當下的覺醒，只要認識它即可。當我們認識心性時，不要讓它再和念頭連結起來。這種當下的覺醒不會持續很久，因為在過去所有的生生世世之中，我們都是散亂的，因此必須讓自己越來越習慣於這種當下的覺醒。當我們再度落入兩大無明魔羅的控制，會忘記心性，開始思惟。

真正的瑜伽士是一再認識心性的修持者，於是認識心性的時間慢慢地開始延長。念頭自動地變得越來越弱，念頭與念頭之間的空檔變得越來越長。在當下的覺醒保持日日夜夜不間斷，沒有迷惑、散亂時，那就是真正掌握了法身的要塞了，這也稱為「法性遍盡」——現象和概念竭盡。

在此，「概念」指的是概念化的心，「現象」指的是被概念化的對境。在這之前，每當色相出現時，你會驚愕地想：「那是什麼？」有聲音時，你會想：「那是什麼聲音？」摸到東西時，你會想：「嘿，那是什麼？」昏亂立刻就產生了。

禪修者有時可能會想：「昨天沒有那麼多念頭，那一座修得好！但是今天有很多念頭，我的禪修糟透了！」這種投射只是兩個念頭。如同虛空般的心性本身怎麼會有好壞呢？由於這種修持不是一種禪修，何必去擔心我們的禪修是好或壞呢？這不是在修持禪修，而是在修持「本然」，修持「放下」。這相當有趣，是不是？

當你的修行是修持遠離追求喜樂或避免痛苦的大開放時，你就不需要執著那是歡樂的或痛苦的。如果你不放下喜樂，你就不會離開欲界。「大樂」（great bliss）不是指某種依緣而生的喜樂狀態，而是指完全沒有痛苦、不依緣而生的至樂。有情眾生期待證悟是某種沒有痛苦，但仍然非常愉悅的狀態，那稱為「依緣而生的喜樂」。一旦獲得那種喜樂，它就會耗盡，然後我們會再度受苦。

這種修持不是一種禪修，而是一種「熟稔」。如果你試圖改善或糾正這種狀態，即使只是一點點，它就已經糟蹋了。當你有「這不夠好」的念頭時，當下覺醒就已經被糟蹋了。念頭代表思惟，尚未證悟的眾生確實會思惟。我們要放下過去、現在、未來三世的念頭，是要放下，而不是把它們丟開，把念頭丟開只是更多的思惟。在你看見心性的剎那，三世的念頭自動消失；如果你有所懷疑，那又是另一個念頭。藉由認識「是什麼感到懷疑」，懷疑就消失了。說來好笑，看見或沒有看見心性，沒有什麼大不了的，心性一直都在那裡，從不間斷。

我不想說得太過放肆，但事實上，這個修持非常容易。你不必禪修，不必去想事情，完全不需要做任何事情，不需要強迫，也不需要努力奮鬥。除了如此修持之外，你不需要做任何事情。因為這太容易了，這簡直太容易了，大多數人都不相信。他們不信任它，因為無事可做，他們認為：「什麼都不做，那有什麼用處？如果這個心性什麼都沒有，那有什麼了不起的？那怎麼值得呢？想像某個莊嚴的本尊、持誦力量強大的咒語，要比這個好多了！」

修持安住於本然狀態之中，不從事禪修。為了這麼做，你必須真正地認識本覺，如果沒有認識本覺，那就像你沒打開開關，否則就像是不會亮的電燈。一旦打開開關，電燈就亮了，你不需要做任何事情，不需要東看西看，只要讓它亮著就行了。

第十四章

忙碌

正是這個思惟的心創造世間的一切，
創造喜悅、悲傷和冷漠，而不是其他的事物。
所有的悲傷、歡樂，以及介於悲傷和歡樂兩者之間的一切，
都是這個思惟的心所玩弄出來的魔幻把戲。

想像一面潔淨無塵、擦拭得非常光亮的鏡子，具有反映一切事物的能力，在它面前的東西，都原原本本地映現於其上。如果你帶著這面鏡子，站在我這間位於高處的茅屋旁邊，整個加德滿都山谷都會完完整整地映現在鏡子上。它具有那種能力，這不表示鏡子必須出門，追逐那些影像，才能讓它們顯現在鏡子上。影像出現在明亮的鏡面上，而不是在其他的地方。本覺有如一面鏡子，它不需要為了了解對境而走到外面去捉住對境。那是概念心（conceptual mind；藏sem）的功能。概念心往外伸向對境，並且根據對境的特徵，而為對境貼上標籤，然後產生覺受。本覺不往外抓取和理解對境，它純粹像鏡面一樣，讓影像顯現於其上。這兩者之間的差別很大。

修行的核心

本覺具有特定的能力。在此，「能力」是指「基礎」，即讓現象和覺受無礙地生起的場地或媒介。本覺不是「生起」本身，當本覺變成「生起」本身，然後去抓取、理解對境時，那就是所謂的「思惟」。「能力」純粹是讓覺受生起的媒介或基礎，它不同於覺受生起，然後被貼上「這個和這個」的標籤，後者被稱為「概念心」或「思惟」。鏡子的隱喻是一個非常重要的例子，本覺不往外抓取和理解對境，但是概念心卻會這麼做，而本覺原本就離於任何往外執取的動作。在《法界藏》中，龍欽巴如此談論本覺：

> 法身之本然狀態不可思議，全然無涉。
> 它是一切開展之功德的起源，全然無瑕。

本覺不向外追逐被覺知的對境，也不會受到對境的遮蔽，對境映現在本覺狀態之中。本覺不像概念心那樣被融合攝入覺知的對境之中，它有如水銀，如果你把水銀倒在一盤土上，水銀不會和土混合在一起，仍然和土保持分離。如果你把水銀倒在地上、土上或沙上，它仍然獨立自處，不會「同流合污」，本覺就是這個樣子。另一方面，概念心有如把水傾倒在土上，土變成泥漿，換句話說，概念心是指我們陷入覺知者和被覺知者之中。本覺不會陷入覺知者和被覺知者的二元分立之中，它原本就是穩定的。

非造作的本然狀態是修持的重點，它迥異於我們平常一個念頭接著一個念頭的思惟習慣。我們先忙著想一件事情，然後再想另一件事情，再想第三件事情，如此使二元分立的心持續不斷。非造作的本然狀態不是概念心。

我們如何處理所有這些不同的念頭？所有的念頭都可以分為三種類別：過去的念頭、現在的念頭和未來的念頭。當我們開始禪修時，過去的念頭和未來的念頭不是那麼難以應付。說真的，在本覺之中，過去的念頭已經停息，未來的念頭尚未到達，主要的問題在於，我們忙碌於現在的念頭。陷入當下的念頭之中，正好和非造作的本然狀態相反，我們總是在確認某一件事情，或否定某一件事情，或接受某一件事情，或排斥某一件事情，這一切全都奠基在希望和恐懼之上。身為禪修者，我們或許有這樣的想法：我們需要除掉某種可惡難纏的、二元分立的心之狀態，並且需要持有這個殊勝、討人喜愛的本覺狀態。如果我們陷入接受和排斥之中，執著本覺，執著心之無二狀態，並且把念頭視為必須刻意去除的事物，那麼我們肯定不是在修持非造作的本然狀態。

所有的有情眾生都不斷地忙著為輪迴的心鏈添加一個鏈環，這是每一個剎那的每一個念頭正在做的事情——使輪迴的狀態持續下去。我們要如何終止這種情況？對禪修者來說，這真是一個進退兩難的困境：如何處理以希望和恐懼、接受和排斥為基礎的當下思惟？

事實上，它不是什麼大問題。我們只要認識心性即可，在認識心性的同一個剎那，當下的念頭沒有立足點，沒有地方可以安住，它只會消失而不復存在。在那個剎那，你不必做任何事情去改善它，或使它更殊勝，它已經是「如是」心性了。在那個剎那，你不必去接受或排斥任何事情，這就是非造作的本然狀態。

你要把反覆地修持這種非造作的本然狀態，當作修行的核心，這種修持不同於你修一座的法，努力維持一種狀態很長一段時間，直到最後迴向功德，從蒲團上起身。修持非造作的本然狀態不是這個樣子，因為我們只能在一天之內從事一、兩次後面那種修持。我們稱後者為「長時、少次」的修持；相反地，真正的修持是在一天當中「短時、多次」。我們應該用這些短暫的時間來修持非造作的本然狀態。

檢視主體與客體

以下是消融所有念頭的方法。即使連最令人感到痛苦的想法，也是我們自己念頭的產物，對不對？我們把「那邊那個」貼上痛苦的標籤，然後心想：「我無法面對它，它實在太痛苦了，它糟糕透了，我無法再忍受了」，這種心態製造一個接著一個的念頭。正是這種念頭的過程令人感到不知所措，而不是真正令人感到痛苦的對境本身。你只要去認識這個特定的痛苦念頭，它只不過是另一個念頭罷了。它只是一個念頭而已，不管念頭的內容為何，處理念頭的方法都是一樣的，我們只要認識思惟者的本質即可。在那個剎那，念頭無法自行存在，它消失了。因為其他人的痛苦而感到不知所措的感受本身，其實不具任何實體，它是空虛的。沒有東西真正感受到那種感受，它是空虛的。

但是，這只能維持幾秒鐘的時間，念頭消失，沒有問題了，之後它還是會再度出現。你可以像之前那樣，用相同的方法處理重新生起的念頭：認識是什麼覺得不知所措？再一次地，你看見沒有東西在那裡，它是空虛的，但是你不會保持空虛，你能夠感覺。請重複用這種方法來修持。

一旦認識空覺的心性之後，你每一次憶念心性時，它都是相同的，你認識先前所認識的、相同的無礙空覺。我們尚未證悟，能瞥見心性並不表示已經證得圓滿的果位，我們仍然在修道上。換句話說，我們尚未圓滿心性，尚未完全熟悉心性，尚未對心性有穩定的認識。我們要如何處理這種不圓滿？那就是一再反覆地修持，圓滿這種修持，是唯一的解決之道。不論有問題的是一種感受、概念、身相、狀況或感覺，修持的方法都是一樣的。從一開始，五蘊和空性就是無別的，你只要認識這一點就夠了。

另一方面，對特定種類的個人而言，有時或許會太難忍受其他人的痛苦，而覺得自己無法真正專注於修行。在這時，最好讓自己集中精神，換句話說，就是要認識自己的心性。有時候，我們不是那麼容易去記得認識心性，心便會散亂。根據教導，去探究、詳細地檢視那種感受的主體與客體，具有極大的利益。

舉例來說，假設我們經歷不知所措、幽閉恐懼症或被痛苦壓得喘不過氣來的感受，我們要檢視主體和客體，客體是那種感受，而主體是感覺到那種感受的「我」。讓自己更仔細地去檢視這強烈的感受，它到底在哪裡？你最先在哪裡注意到它？它到底來自哪一個地方？此時此刻，當這種感受如此強烈時，它到底在哪裡？當它在某個時候消失時，它前往哪個方向？它到哪裡去了？去找出確切的位置。你也要去探究感覺到這種感受的主體，也就是察覺、注意到這種感受的心，這種方法非常具有利益。如果痛苦和憂慮過度強烈，你應該仔細檢視這種感受的主體和客體。

有情眾生確實具有念頭，我們的念頭有時變得過於強烈，那不表示我們應該在那時放棄。當然，當我們遇見其他受苦的眾生時，會產生不知所措的強烈感受似乎是合情合理的。事實上，我們必須從某處著手，如果你沒有拯救或利益眾生的加持力和慈悲力，你「至少」可以先從清除自己的迷惑開始，因為我們自己的迷妄狀態近在眼前。沉迷於迷妄的念頭，並不具有真正的實體，這是為什麼它被稱為「迷妄」的緣故。

老實說，你無法確切指出在某個特定的地點，有一個被稱為「痛苦」、「念頭」或「感受」的具體事物。如果有一個具體的事物，那麼我們就可以說它是具體有形的，它就不能被稱為「虛幻」或「迷妄」的狀態，它會是真實的。你能夠找到稱為「痛苦」感受的具體事物嗎？你能夠找到它的來處、它的所在位置和它前往的地方嗎？是否有一個具體的心注意到這種情緒，並且沉迷於其中？一旦發現沒有這種東西時，你就不需要進一步地加以討論了。

過去所有的修行者都曾深入探究，但是都沒有發現情緒的來源、停留的處所或消失的地點；個人的身分、自我也是如此。你必須同意，它只是虛幻。這是空性的虛幻：每一個念頭都是空性的魔幻。在你認識覺受者的剎那，虛假馬上被揭穿，念頭就自然消失了。這是我們開始的方法。

你需要開始修持。當然，這種修持是以認識空覺之心性為基礎。你需要一再地體驗心性，達到熟悉的程度。除非去修持，否則你對心性的認識永遠都不可能達到穩定。如果沒有穩定的認識，利益其他眾生的能力就不會展現。

悲心的起源

我們越努力認識心性，本具的功德就越會生起，這些本具的功德是內觀、慈悲和利益眾生的能力。這些本具的證悟能力會越來越開展出來。到了那時，你不但清除了自己的迷惑，也將能夠利益所見到的每個受苦眾生。不僅如此，你也將能夠同時利益輪迴三界的一切有情眾生，甚至連地獄最底層的眾生也不例外。你可以在一剎那之間，就把他們全都帶上解脫道。所有這一切都來自修持心性，並且持續不懈地認識心性。

舉例來說，當一種感受太過強烈，你所經歷的事物太過痛苦而難以面對，在那時，試著記得問自己這些問題：「此時此刻，這種痛苦的感覺在哪裡？它究竟在哪裡？這個令人感到不知所措的東西，有特別的色相或聲音嗎？有特別的氣味嗎？有特別的味道嗎？有什麼東西我可以抓得住？」一切勿陷入對境之中。你所感覺到的，是你體驗痛苦的心，而不是其他的事物。痛苦是心理的，對嗎？你能夠抓住痛苦嗎？不能？那證明它是空虛的。

為了真正具有悲心，你需要體驗空性，我們要認識到其他人因為沒有看見空性而受苦，這是悲心的起源。如果你沒有了證空性，其他人也沒有了證空性，你可以可憐他說：「喔，可憐的傢伙！」但是那有什麼幫助呢？你必須修持認識心性。如果兩個沒有手臂的人都被湍急的河流捲走，他們怎麼互相幫助呢？觀見充滿慈悲的空性，如同具有兩條手臂。只是表面上想著「可憐的人，可憐的人」並沒有什麼不對，但其中欠缺真正的能力。

我們常常念誦的一篇祈願文這樣說道：「請賜予您的加持，讓我們了證充滿慈悲之空性！」正是這種無別於悲心的真正空性，才具有利益他人的能力。表面上可憐其他眾生，不具有任何深刻的力量。我們現在需要充實自己，讓自己的存在之流充滿慈悲的空性，並且成為精通此道的大師。那時，你就真正能夠利益他人了。

般若智慧的彼岸

正是這個思惟的心創造世間的一切，創造喜悅、悲傷和冷漠，而不是其他的事物。所有的悲傷、歡樂，以及介於悲傷和歡樂兩者之間的一切，都是這個思惟的心所玩弄出來的魔幻把戲。除了心之外，還有什麼能夠創造出這樣一齣戲？一切事物都是心創造出來的，心是製造者、作者和行為本身。是行為創造了製造者？還是製造者創造了行為？讓我們把「作者」和「行為」這兩個詞彙換成「主體」和「客體」。客體是五大元素，主體是覺知的心，當覺知的心把注意力轉移到某件事物之上時，之前被覺知的客體是否跟隨那個心？什麼是最重要的事物，什麼才是我們應該注意的？是這個「作者」，是這個心，不是嗎？

如果你的心追趕主體和客體的二元分立，忙碌於各種活動，終究不會對你有任何幫助。為什麼要執著於覺知者和被覺知者、主體和客體呢？當你不受到外在被覺知的客體的染污，不因為內在覺知的心而墮落時，會發生什麼事情？讓本然之空覺持續下去。如果你讓它持續下去，那麼它本身就是一切諸佛的心。不論你以一千種或一百種不同的方式聽過這個重點，它就是如此！

首先，你需要了解它，並且品嚐其中的滋味。接著，你需要實現它。在這個修道上，你先要認識心性，然後修持心性，發展這種認識的強度，最後達到穩定的認識，就是這樣而已。你要認識這個覺醒的剎那，以及不忙碌於被覺知對境的剎那。在這個剎那之中，覺知的心是自在而不散亂、不忙碌的。不要受到任何情緒的染污，當本初覺醒全然展現、全然實現時，那就是「佛」這個字的意義——清淨、圓滿之覺醒狀態。當你完全習慣於這種狀態，並且達到穩定時，其本身就是證悟之道。首先，認識心性，然後修持心性，達到穩定的認識，那就是證悟。這時，你已經從二元智慧的此岸，渡至般若智慧的彼岸。

我要稍微逗逗你們。智慧的此岸稱為「科學」、「科學家」。如我所解釋的，超越此岸的智慧是不一樣的。你們知道有多少科學家已經證悟？你曾經聽說有哪一個科學家證悟嗎？如果科學家從事這樣的修持，然後達到證悟，不是很棒嗎？這年頭，科學家被讚譽為世界上最卓越傑出的人物，因為他們創造了許多裝置，讓你們可以立即和世界另一端的人通話，或讓你飛越天際。但是，透過這種修持，你卻可以超越科學家。事實上，科學所創造出來的事物相當不可思議，但是所有的科學仍然在智慧的此岸。甚深三摩地超越二元分立的心，是智慧的彼岸。

此時此刻，如果我們把自己和科學家相比較，科學家似乎比較優秀，對不對？但是，一旦科學家抵達彼岸，任何心智活動都毫無用處！在那時，抵達智慧的彼岸要好多了。我要問你們一個問題：在置身於中陰時，科學知識究竟有多大的用處？請仔細想一想。在置身於中陰時，科學家不再有任何可以幫助他的裝備，也沒有監視衛星或噴射機可以使用，我們所創造出來的一切，在中陰都毫無用處。科學知識不是智慧，我們應該修持的是智慧──般若波羅蜜多。

老實說，在此生的盡頭，我們所從事的世俗的活動都證明是浪費的，它們毫無用處。除非它會帶來善果，否則我們費盡心力去完成的工作，都沒有任何意義。我們把全副心思投入於工作，甚至連坐下來享受一杯茶的時間都沒有。這些活動讓我們的額頭上時時掛著汗水，在死亡的時刻，這一切全都是白費而毫無用處的。

如果我們了解自己的所作所為都是徒勞無益的，那就是真正的知見，是真正的了解。除了佛法之外，沒有任何事物具有真正的價值。那麼接下來該怎麼做呢？實修！努力實修，你就會掌握見地的核心，這是真正了解佛法的方法。當我們仔細檢視周遭的事物和自己本身時，應該就會明白，自己的所作所為基本上是毫無用處的。在我了解到「我真的愚弄自己」時，就已經有了某種程度的了解：「我愚弄了自己，而不是其他人愚弄了我。」在康區，有一句諺語說道：「有如把你自己的嘴巴縫起來。」換句話說，你不能吃、不能喝，所以你會餓死。那是我們自作自受，沒有人把你的嘴巴縫起來，是你把自己的嘴巴縫起來了。

這個具足八有暇、十圓滿的人身，這個殊勝的人身，和在這個世界上顯現的化身一樣寶貴。我們現在要做的是，停止縫住我們自己的嘴巴！許多法本提到，擁有殊勝的人身（不只是人身，而是殊勝的人身），只會在一大劫中發生一次或兩次。我們雖然已經獲得這個殊勝的人身，但仍然有入寶山卻空手而返的危險。這是你的選擇！

在人類歷史上的這個時代，是人類具有長足發展的時代，是眾人繁榮富裕的時代，我們可以說這些是快樂的時代。但是在此同時，誰也不能確定今天活著的人，明天是否就會變成一具死屍。任何情況都可能突然改變，一切瞬間毀滅。我們活在這樣的時代，現在你擁有某種程度的自由：你可自由選擇修持佛法，沒有人阻止你；你掌握一切，你握有韁繩。也就是說，這是你從事修行，達到證悟的時機！

我們應該真心感激有這樣的機會，停止愚弄自己。過去的偉大的大師們說：「生與死的差別只在一口氣之間。」如果你呼氣之後不再吸氣，你就變成一具死屍。只要一口氣沒吸進，你就已經在中陰了。我們活著的每一個剎那，都令人感到驚奇！

觀自在系列 BA1019

如是（上）：心要口訣篇

作　　者　祖古・烏金（Tulku Urgyen）仁波切
英　　譯　艾瑞克・貝瑪・昆桑（Erik Pema Kunsang）
中　　譯　項慧齡
特約編輯　釋見澈、曾惠君
封面設計　雅棠設計工作室
內頁構成　舞陽美術　張淑珍、張祐誠

發 行 人　蘇拾平
總 編 輯　于芝峰
副總編輯　田哲榮
業　　務　郭其彬、王綬晨、邱紹溢
行　　銷　陳詩婷
出　　版　橡實文化 ACORN Publishing
地址：臺北市10544松山區復興北路333號11樓之4
電話：02-2718-2001　傳真：02-2718-1258
E-mail信箱：acorn@andbooks.com.tw

發　　行　大雁出版基地
地址：臺北市10544松山區復興北路333號11樓之4
電話：02-2718-2001　傳真：02-2718-1258
讀者服務信箱：andbooks@andbooks.com.tw
劃撥帳號：19983379　戶名：大雁文化事業股份有限公司

印　　刷　成陽印刷股份有限公司
初版一刷　2010年9月
初版十二刷　2020年6月
定　　價　320元

ISBN　978-986-6362-20-0

國家圖書館出版品預行編目資料

如是（上）：心要口訣篇 ／祖古．烏金作；艾瑞克．貝瑪．昆桑(Erik Pema Kunsang)
英譯；項慧齡中譯, --初版. –臺北市：橡實文化, 大雁文化. 2010.09
280面；17×22公分
譯自：As It Is
ISBN 978-986-6362-20-0（平裝）
1.藏傳佛教 2.佛教修持
226.965 99016427

•作者：詠給．明就仁波切　•定價：360元

世界最快樂的人

藏傳佛教史上最年輕閉關上師的禪修經驗與方法

十七世大寶法王、李連杰、李察吉爾、余德慧、丹尼•爾高曼、海濤法師、陳履安 歡喜推薦

◎幽默的明就仁波切以說故事的方式，將深奧抽象的佛教名相與科學術語，用簡單卻清晰、淺顯但豐富的文字和比喻完整表達，更將禪修的初始與進程狀態，用自己切身的經驗描述分享。即使非佛教徒，即使是從未接觸過佛法相關書籍的讀者，也能深切領會這位「世界上最快樂的人」所要傳達介紹給社會大眾，追求快樂的根本之道。

•作者：艾瑞克．貝瑪．昆桑
•定價：㊤340元　㊦380元

大成就者之歌

㊤法源篇　㊦傳承篇

祖古•烏金仁波切靈修回憶錄

◎《大成就者之歌》不只是祖古．烏金仁波切的格人靈修回憶錄，更是近代眾多偉大藏傳佛法大師們以生命應證佛法的非凡成就總集，可說是一部引人入勝的西藏靈性史詩。透過祖古．烏金的眼睛，也讓讀者有幸得與廿世紀西藏最具證量的靈修上師們相遇。

◎全書近32萬字，分上冊【法源篇】與下冊【傳承篇】。本書由祖古．烏金仁波切的西方弟子艾瑞克．貝瑪．昆桑（Erik Pema Kunsang）與馬西亞．賓德．舒密特（Marcia Binder Schmidt）花費14年時間，記述完成。